Luciana Ziglio

MW00903305

Espresso 3

Corso di italiano - Livello B1
Guida per l'insegnante

Alma
Edizioni
Firenze

© 2003 Alma Edizioni - Firenze
Tutti i diritti riservati
Layout: Astrid Hansen
ISBN 88-86440-70-7
Ultima ristampa: aprile 2006

Printed in Italy
la Cittadina, azienda grafica – Gianico (BS)
www.lacittadina.it

Alma Edizioni
viale dei Cadorna, 44
50129 Firenze
tel ++39 055476644
fax ++39 055473531
info@almaedizioni.it
www.almaedizioni.it

Indice

Premessa

Espresso è un corso in 3 volumi concepito essenzialmente per un pubblico di adulti. Sia per il contenuto che per la metodologia e la veste grafica *Espresso* può però essere utilizzato con successo anche nelle scuole superiori.

Espresso 3 intende far raggiungere ai discenti una conoscenza della lingua di livello intermedio-avanzato (**livello B1** del Quadro Comune) e presta particolare attenzione allo sviluppo delle quattro abilità linguistiche (ascoltare, parlare, leggere e scrivere) e all'apprendimento delle strutture morfosintattiche della lingua italiana.

Espresso 3 comprende:

◆ un manuale integrato da un eserciziario;
◆ un CD contenente tutti i dialoghi
  e i testi auditivi;
◆ la presente Guida per l'insegnante, con suggerimenti didattici specifici per ogni singola attività.

Espresso 3 offre materiale didattico per circa 90 ore di corso. A ciò si devono aggiungere i 10 capitoli di esercizi, pensati per il lavoro a casa ma utilizzabili anche in classe

Struttura del manuale

Espresso 3 si compone di 10 lezioni, organizzate secondo uno schema che risponde alle diverse fasi che scandiscono il processo di apprendimento di una lingua straniera, e si prefigge come scopo principale quello di immergere gli studenti nella lingua autentica dell'Italia di oggi. I temi trattati riguardano direttamente o indirettamente la vita quotidiana (parlare di sé, della famiglia, dei mezzi di comunicazione, di problemi ambientali, descrivere un luogo, ecc.).

Segue un'*Appendice* con materiale supplementare, composto da testi autentici, che l'insegnante svolgerà o meno in base alle esigenze del proprio gruppo.

Al manuale segue un *Eserciziario*, una serie di "veri e propri" esercizi, necessari per fissare lessico e strutture. Sono pensati per un lavoro individuale a casa e non ne è necessaria la correzione in classe, visto che in appendice ne sono riportate le soluzioni.

Alla fine del manuale vi è poi una *Grammatica sistematica* che riprende in modo più esaustivo, ed appunto sistematico, tutte le forme grammaticali via via apparse e suddivise per argomento.

Segue un *Glossario per lezioni*, con a volte brevi indicazioni grammaticali, dove vengono evidenziati con un asterisco i verbi irregolari e con un punto sotto la vocale la sillaba tonica delle parole non piane.

Conclude il manuale un *Glossario alfabetico* completo con riferimento alla lezione in cui i vocaboli sono apparsi per la prima volta: uno strumento utile per una rapida consultazione.

Espresso 3, pur rispettando l'impostazione didattica di ***Espresso 1*** e **2**, dà più spazio alla lingua scritta, presentando una maggiore varietà di testi autentici. Per quanto riguarda la lingua orale offre, oltre ai consueti dialoghi, anche alcune interviste autentiche. Fornisce infine più spunti per le attività di produzione sia orale che scritta.

Struttura di una lezione

Ogni lezione ha un numero di pagine pressoché invariato (perlopiù 10). L'ordine di apparizione delle varie attività ha una sua logica che va seguita (svolgetele, pertanto, così come appaiono nel libro). L'unità ha un andamento per così dire elicoidale: parte da un punto e si amplia, ma il cerchio seguente (la singola esercitazione) abbraccia in parte quello precedente e ne è insieme la prosecuzione. Quasi ogni lezione si apre con delle immagini (a volte con brevi testi, tipo quiz o test), che servono a introdurre il tema dell'unità e il lessico specifico di una determinata area. Sempre nella pagina d'apertura segue un breve esercizio, per mettere in pratica – in modo comunicativo – i nuovi vocaboli.
Appare poi il primo dialogo che riprende il lessico imparato e ne introduce di nuovo, assieme alle strutture che si intendono insegnare.
All'interno di una lezione vengono esercitate tutte e quattro le abilità linguistiche, sia singolarmente che in modo integrato. Non esi-

ste una successione identica per ogni capitolo, ma in ogni modo appaiono sempre sia dialoghi che letture, esercizi di parlato e di ascolto.

Da sottolineare che ad ogni attività nuova segue sempre un'esercitazione che ha lo scopo di consolidare strutture e lessico appresi in precedenza; in tal modo non manca mai l'alternanza di presentazione-presa di coscienza e di fissaggio-produzione.

Dialoghi

I dialoghi presenti in *Espresso* sono conversazioni faccia a faccia o telefoniche e interviste radiofoniche. Si è cercato di renderli il più autentici possibile, cioè vicini alla realtà quotidiana. Sono stati registrati da parlanti di madrelingua, con una velocità e un ritmo normali. Sono stati scelti dialoghi relativamente facili, anche se si è comunque ritenuto importante non snaturarli, lasciando ad esempio la presenza dei segnali discorsivi (*beh, mah, senta, ehm,* ecc.) tipici della lingua parlata, con i quali gli studenti in ogni caso si confronterebbero una volta in Italia e che, pur se spesso intraducibili in una lingua straniera, servono ad esprimere sensazioni di meraviglia, impazienza, accordo, disaccordo, attenzione, ecc.

Nel manuale sono presenti due tipi di dialoghi: uno (più breve) con trascrizione del testo, uno (più complesso) senza trascrizione (a disposizione del solo insegnante nella presente *Guida*). La differenza consiste nel fatto che i due tipi di dialoghi hanno funzioni diverse. Mentre il primo, che come "canale" ha, oltre al CD, la pagina scritta, si prefigge di presentare ed insegnare lessico e strutture – e pertanto è stato trascritto e deve essere compreso completamente – il secondo, che come "canale" ha il CD, ha come scopo il vero e proprio ascolto. In quest'ultimo caso i discenti non hanno la possibilità di leggere il testo, così come nella realtà non "vedono" quanto gli viene detto. Compito dei partecipanti è, in questo caso, quello di capire le asserzioni principali. La verifica di tale comprensione viene effettuata attraverso lo svolgimento di domande e/o esercizi specifici. In ambedue i casi, comunque, visto che un atto comunicativo non si realizza nel vuoto, si tratta sempre di dialoghi contestualizzati.

Letture

Lo spunto per i brani di lettura è stato offerto da giornali italiani, da Internet o da testi letterari, in base al convincimento che è auspicabile confrontare lo studente il più possibile con la lingua del brano autentico. Si tratta, dunque, di testi originali di vario genere: annunci, pubblicità, dépliant, articoli di giornale, e-mail, ecc., di cui si richiede una comprensione globale o dettagliata oppure selettiva.

Produzione orale

Visto che lo scopo principale nell'apprendimento di una lingua straniera è la comunicazione, si è dato particolare peso alla produzione orale, sia guidata che libera. La varietà delle esercitazioni proposte (si va ad esempio dalle domande personali al racconto di proprie esperienze, dall'intervista a giochi divertenti ma istruttivi) dovrebbe stimolare lo studente ad acquisire una sempre maggiore scioltezza linguistica ed accuratezza formale. Egli dovrebbe quindi essere in grado di esprimere il proprio parere, i propri sentimenti o gusti, di reagire a richieste o sollecitazioni e di prendere parte a conversazioni su argomenti relativi alla vita quotidiana.
Vengono proposti diversi spunti al dialogo sia all'inizio di ogni lezione che al termine, dove la discussione diventa quasi un riassunto complessivo dell'unità.

Produzione scritta

In ogni lezione appare un esercizio di produzione scritta (guidata o libera) che segue evidentemente una progressione sempre più complessa: di volta in volta gli studenti dovranno scrivere una lettera o dei messaggi, formulare frasi inerenti la loro persona, la vita quotidiana o esperienze vissute, proseguire dei racconti, inventare una storia o una sceneggiatura.
Si è cercato, insomma, di variare il più possibile la tipologia delle attività per motivare al massimo lo studente, che spesso trova particolarmente arduo questo tipo di lavoro.

Esercizi

Quelli presenti nel manuale – anche se con funzione squisitamente grammaticale – non hanno quasi mai il classico aspetto di "esercizi" ed hanno lo scopo di vagliare se le strutture acquisite sono state capite ed apprese e di consolidarle. Si tratta di esercitazioni da fare in classe, anche perché spesso richiedono un lavoro di coppia o di gruppo.

Funzione dei riquadri
I riquadri sono di diverso colore. Quelli chiari hanno la funzione di mettere in evidenza la coniugazione dei verbi o, comunque, di esporre nuove strutture grammaticali e favorire la presa di coscienza dei meccanismi che regolano l'uso linguistico. Quelli scuri mettono in risalto il lessico ritenuto importante.
Con tale accorgimento tipografico si è inteso facilitare l'induzione di una regola e l'uso di certi vocaboli.

Grammatica
La grammatica è stata introdotta in *Espresso* in modo induttivo.
Si consiglia di non fornire una regola, ma di stimolarne la ricerca e l'esposizione sull'osservazione del materiale in cui essa è stata presentata. Gli studenti saranno perciò indotti a fare ipotesi e l'insegnante interverrà solo per chiarire una regola particolarmente ostica o che sia stata esposta dai discenti in modo errato.
La grammatica appare sia in tabelle esplicative poste a lato di una determinata lettura/dialogo (serve qui come "segnale grammaticale" a richiamare l'attenzione o su una coniugazione verbale o su un fenomeno grammaticale importante) sia al termine di ogni singola unità, dove un'esposizione riassuntiva intende "far ricordare" le principali strutture svolte in quel capitolo.
Alcuni aspetti grammaticali, tipo il congiuntivo e il suo uso, vengono svolti in diverse unità e ampliati a più riprese.
Come già accennato a p. 6, alla fine del manuale si trova una *Grammatica sistematica* dove i temi grammaticali del manuale vengono ripresi in modo più esaustivo e suddivisi per argomenti.

Funzione del simbolo
Tale simbolo rinvia alle attività dell'*Eserciziario*. Con tale soluzione grafica viene dunque facilitato il compito sia dell'insegnante, che a queste attività può ricorrere come "riempitivo", sia dello studente che in ogni momento sa quali esercizi può svolgere.

La pagina finale di ogni unità è una pagina sintetica e sistematica delle espressioni utili alla comunicazione e della grammatica svolta in quel capitolo. È un pratico mezzo di consultazione e di sistematica revisione: lo studente ha così in mano gli strumenti per verificare, al termine di ogni singola lezione, se ha veramente assimilato e se ricorda tutto quanto ha appreso.

Eserciziario

Al termine del manuale vero e proprio si trova l'*Eserciziario* che nelle 10 lezioni rispecchia la progressione delle corrispondenti unità del libro. Funzione di queste pagine è quella di fissare e sistematizzare strutture e lessico imparati nel corso della rispettiva lezione e di permettere al discente di (auto)controllare i progressi fatti.

Gli esercizi

Mentre gli esercizi che appaiono nelle lezioni sono prevalentemente a carattere interattivo (nella maggioranza dei casi presuppongono, infatti, di essere svolti in coppia o in piccoli gruppi), questi sono degli esercizi "veri e propri", anche se si è cercato di renderli vari e divertenti.
La tipologia è composita: esercizi di completamento, di abbinamento, di riflessione grammaticale, di trasformazione, di applicazione delle funzioni comunicative, attività con domanda-risposta, parole incrociate, compilazione di tabelle, ecc.
Tali esercizi sono pensati per un lavoro individuale a casa e non è necessaria la correzione in classe, visto che in appendice ne sono riportate le soluzioni.
Può succedere, comunque, che a volte si abbia bisogno di riempire un piccolo spazio di tempo, oppure che un argomento sia stato particolarmente ostico. In tal caso si faccia pure riferimento all'*Eserciziario* utilizzando qualche esercizio durante la lezione.

Ricapitoliamo

Tutte le lezioni dell'*Eserciziario* terminano con un'attività intesa come proposta di rielaborazione dell'argomento introdotto nella lezione. Si chiede allo studente di tenere una specie di "diario" e di riassumere per iscritto i principali contenuti apparsi. Gli si dice, ad esempio, che ora è in grado di scrivere perché studia l'italiano, cosa pensa dell'uso di vocaboli stranieri, quali sono i vantaggi di vivere in città/campagna, cosa pensa della pubblicità, ecc. Tale esercitazione, essendo individuale, va fatta singolarmente a casa, ma – se desiderato – può essere controllata, commentata e corretta in classe.

Informazioni di costume e cultura
In alcune pagine è stato inserito un *Infobox* nella lingua bersaglio (si tratta sempre di testi autentici) che offre una panoramica su alcuni aspetti di costume e cultura italiani. Tale elemento si rivela basilare per un approccio interculturale e per un insegnamento che tenga conto del retroterra culturale dello studente e che stimoli il confronto con la cultura d'appartenenza.

Guida per l'insegnante

Questa *Guida* vi seguirà passo per passo per facilitare il vostro compito. Spiegherà lo scopo, il procedimento, la progressione di ogni singola attività. È chiaro che si tratterà solo di una proposta.
La modalità precisata può essere variata, in base alla composizione del vostro gruppo: se osservate ad esempio che i vostri studenti amano "giocare", scegliete la forma in due o piccoli gruppi, assegnando i punti ed eleggendo un vincitore. In caso contrario fate fare un più tranquillo lavoro di coppia, senza punteggio né vincenti/perdenti.

 In *Espresso* si offrono informazioni di carattere geografico e socioculturale sull'Italia. Queste informazioni sono visualizzate nella *Guida* con il simbolo riprodotto qui a margine.

Ed ora mettiamo in pratica!

Alcuni suggerimenti prima di iniziare
Per avere dei buoni risultati in qualsiasi materia (ed il discorso vale soprattutto per gli adulti) è importante riuscire a creare, fin dalla prima ora di lezione, un buon clima di classe. Forse non c'è bisogno di ripetere – dato che si tratta di cose ormai risapute – che l'insegnamento di tipo frontale deve essere limitato al minimo indispensabile. È importante che il docente non sia "davanti" agli studenti e quindi anche la disposizione delle sedie deve essere tale da permettere ai partecipanti di

guardarsi in faccia. Risulta opportuna, pertanto, una disposizione dei banchi a ferro di cavallo o in cerchio, ma mai uno dietro l'altro, come nelle "vecchie" classi.

La socializzazione, cioè una bella intesa all'interno del gruppo, è un elemento cui non potete rinunciare se volete avere successo. La validità di un insegnante è sicuramente importante come pure quella del manuale, ma se gli studenti non hanno un buon rapporto fra loro sarà davvero difficile ottenere dei risultati apprezzabili. Questo discorso vale per l'apprendimento in genere, ma se poi ci riferiamo – come in questo caso – all'apprendimento di una lingua straniera che per antonomasia è comunicazione, scambio di conoscenze, ma anche di emozioni e di affettività, diventa logico parlare di collaborazione fra i discenti, che si potrebbe dire strumento indispensabile di acquisizione e di consolidamento dei contenuti appresi. Dovrete avere quindi cura di favorire soprattutto la collaborazione tra gli alunni e di stimolarli ad apprendere in modo autonomo, intervenendo solo quando è veramente necessario e nel modo meno invasivo possibile.

Si consiglia di spiegare agli studenti fin dalla prima ora di lezione (a meno che non abbiano già lavorato con *Espresso*) la metodologia intrinseca al manuale soprattutto per quanto concerne le strategie di lettura e ascolto. Questo per evitare che gli allievi pretendano una traduzione inutile e che per di più andrebbe a scapito del metodo stesso.

La vostra lezione sarà più viva ed interessante se varierete il tipo di lavoro. Cercate di alternare il più possibile il lavoro di coppia con quello in piccoli gruppi ed in plenum ed evitate che uno studente venga a contatto sempre con le stesse persone. Per creare le coppie in modo simpatico ed eliminare eventuali tensioni iniziali ci sono diverse possibilità: potete usare le carte del memory (chi ha il medesimo simbolo si mette insieme), potete preparare voi dei bigliettini con scritti due volte gli stessi numeri o le stesse parole o lo stesso disegno, ecc.; la formazione della coppia sarà così casuale. Per creare dei piccoli gruppi procedete in modo analogo: preparate dei cartoncini con 3-4 simboli, disegni, numeri, lettere dell'alfabeto, parole uguali e fate riunire le persone con il medesimo simbolo, disegno, numero, ecc.

Pianificate bene la vostra lezione, in base al gruppo con cui lavorate. Programmate fino a dove volete arrivare, ricordando che un argomento va completato con i relativi esercizi di fissaggio e produzione. Non iniziate una nuova attività se pensate di non riuscire a finirla e ricorrete piuttosto, come riempitivo, all'*Eserciziario*.

Ricordate che la vostra funzione sarà quella di introdurre l'argomento, di presentare il manuale, di "dirigere" il lavoro, ma che la parte attiva sono gli studenti che in certi momenti possono avere la vostra medesima competenza o portare addirittura dei contributi originali. Quando lavorano da soli, cercate di intervenire il meno possibile. È la loro unica opportunità di parlare e non è il caso che vengano bloccati (in tutti i sensi) in questa loro sperimentazione.

In tale fase l'insegnante dovrà agire come attento ed intelligente "collaboratore", intervenendo eventualmente solo in un secondo tempo, al termine dell'esecuzione del compito, a correggere o meglio ad invitare i discenti ad autocorreggersi. Lo studente si sente "schiacciato" da un insegnante troppo invadente, mentre invece deve avere l'opportunità di provare, sperimentare, rischiare.

All'inizio di ogni successiva lezione si consiglia un breve ripasso dell'unità precedente. Questo può avvenire anche all'inizio di ogni singola ora di corso. Dedicate pertanto i primi 5-10 minuti dell'ora alla ripetizione, lasciando gli studenti liberi di lavorare autonomamente. A due a due (a turno uno è "l'insegnante" che pone le domande e l'altro è "lo studente" che deve rispondere) i corsisti ripeteranno quanto appreso, facendo tutte le domande che ritengono opportune. Avranno così la possibilità di rivedere le espressioni comunicative imparate, di chiedere dei vocaboli, una coniugazione verbale o una regola grammaticale. "L'insegnante" potrà tenere il libro aperto per verificare le risposte.

Questo spazio dedicato al ripasso crea atmosfera, rompe il ghiaccio, abitua il discente all'autonomia ed è un utile strumento di autocontrollo, senza l'ingombrante (onni)presenza del docente.

Se invece si preferisce "perdere" questo tempo solo al termine di una unità, si può scegliere un qualsiasi argomento della lezione precedente e svolgerlo sotto forma di gioco.

Do you speak italian?

Tema: Le lingue straniere, l'utilizzo di termini stranieri nella propria lingua.

Obiettivi: Parlare dell'apprendimento di una lingua, in particolare delle proprie esperienze circa l'apprendimento dell'italiano, (Perché lo si studia? In che modo? Quali gli strumenti utili? Cosa è utile/difficile/divertente/noioso?), della necessità o meno di rispettare delle regole (grammaticali e ortografiche), dell'uso di parole straniere nella propria lingua. Esprimere la propria opinione, esprimere accordo/disaccordo, chiedere in prestito, fare delle ipotesi, argomentare.

Espressioni utili/lessico: *Toglimi una curiosità! Quanto tempo ci hai messo a imparare l'italiano? Mah ... quattro anni, direi. Pazzesco! Io sono tre anni che ... Forse perché ho paura di sbagliare ... Non mi entra in testa ... Mi blocco ... Io sono del parere che ... / Io sono convinto che ... A me non sembra proprio! / Non direi proprio! / Io (invece) la penso diversamente. È proprio vero (che) ... / Sono d'accordo con te. / Hai ragione.*

Grammatica: *Prima di* + infinito; il verbo *metterci*; il trapassato prossimo; *qualsiasi*; *il quale*; l'uso del verbo *dovere* per esprimere una supposizione; i pronomi combinati; il prefisso negativo *in- (im-, ir-, il-); colui che.*

Proposta: Dato che, come si è accennato nella *Premessa*, per ottenere dei buoni risultati è indispensabile una buona intesa all'interno del gruppo, se i discenti non si conoscono, vale la pena dare loro la possibilità di farlo, di rompere il ghiaccio, di conoscere il libro che stanno per affrontare. Investite perciò parte della prima ora di lezione in questa attività. Se gli studenti non si conoscono date loro una decina di minuti, in cui a due a due si porranno alcune domande, ad esempio se sono già stati in Italia e dove, se hanno frequentato altri corsi di lingue, che manuale usavano prima, ecc. Alla fine ogni persona presenterà il proprio partner in plenum. Se, invece, si conoscono già, fate loro raccontare in piccoli gruppi un episodio buffo che gli è successo durante le vacanze. Non intervenite ma, se notate un'atmosfera particolarmente piacevole (risate), dite che una storia così interessante la vorreste conoscere anche voi.
Ora potete affrontare il nuovo manuale. Buon lavoro!

1 Io imparo ...

Obiettivo: Parlare della propria esperienza nell'apprendimento dell'italiano, ma soprattutto rompere il ghiaccio.

Procedimento: Leggete il titolo della lezione e poi quello della prima attività, chiedendo agli studenti quale possa essere, secondo loro, la tematica dell'unità. Dite poi di leggere il questionario e spiegate/fate spiegare il significato del lessico nuovo. Le risposte andranno date singolarmente. Al termine dell'attività, se lo ritenete necessario, potete riportare la discussione in plenum, ponendo ad esempio domande del tipo *Fra di voi ci sono identità di risposte? Avete obiettivi simili? Chi di voi studia l'italiano per lavoro? Per soddisfazione personale?* ecc.

2 Toglimi una curiosità!

Grammatica: *Prima di* + infinito; *metterci a* (+ infinito).

Procedimento: Trattandosi del primo dialogo del libro, ricordate, o spiegate, che quando si ascolta un dialogo non bisogna capire tutto, ma solo il senso generale, la situazione. Tale premessa è fondamentale anche perché, essendo i dialoghi del terzo volume più lunghi, i corsisti potrebbero scoraggiarsi. Tranquillizzateli quindi, dicendo che ascolteranno il dialogo diverse volte.

Qui di seguito riportiamo il procedimento che potrete seguire, variandolo, per tutti i dialoghi con trascrizione:

- Fate ascoltare il CD a libro chiuso chiedendo di provare a capire, prima di tutto, l'argomento generale del dialogo. Dopo l'ascolto permettete uno scambio di informazioni in coppia che a questo livello dovrebbe svolgersi in italiano. Proseguite con un secondo ascolto, poi formate delle nuove coppie e permettete un secondo scambio di opinioni sul contenuto del dialogo. Se necessario ripetete l'ascolto un'altra volta.

- Leggete ad alta voce le domande del questionario e verificate che i corsisti le capiscano. Fate svolgere il compito singolarmente e poi fate fare un controllo in coppia. Se fosse necessario fate riascoltare il dialogo.

- Controllate le risposte in plenum.

- Fate seguire ora un ascolto a libro aperto, facendo associare ascolto-lettura.

● Ritornate ora alla pagina scritta per una più approfondita analisi (spiegazioni lessicali e grammaticali).

● Se lo ritenete utile, fate seguire un'eventuale lettura/drammatiz-zazione del dialogo ad alta voce (escrcitazione fonatoria), per permettere l'acquisizione di una pronuncia, ritmo e intonazione corretti.

A questo procedimento si farà riferimento per tutti i dialoghi con trascrizione.

In questo specifico caso il titolo andrà spiegato, perché è nuovo. Le spiegazioni riguarderanno *prima di* + infinito, *sono tre anni che ...* ed il verbo *metterci a* + infinito. Prima di spiegare voi le nuove strutture e il lessico, ponete delle domande tipo *Cosa hai/ha fatto prima di venire a lezione? Cosa hai/ha fatto ieri prima di andare a letto? Cosa fai/fa prima di partire per un viaggio? E prima di metterti/mettersi a tavola?* Sistematizzate/fate sistematizzare ora la regola anche con l'aiuto del riquadro grammaticale.

Poi chiedete *Quanti anni sono che studi/studia l'italiano? Quanti minu-ti sono che mi state ascoltando? Quanti mesi/ore sono che ...?* Spiegate infine che l'espressione "Sono tre anni che studio l'italiano." è ana-loga a quella già nota "Studio l'italiano da tre anni.", ma molto più comune nella lingua parlata.

Chiedete poi *Ci hai/ha messo molto a imparare l'italiano? Toglimi/Mi tolga una curiosità, quanto ci metti/mette a studiare cento vocaboli a memoria?* e infine il significato del nuovo verbo. Domandate se conoscono/ricordano il significato di *mettersi a* + infinito, spiegatelo eventualmente con degli esempi e fate notare la differenza tra i due verbi.

Soluzione: *a. in circa due anni; b. il collega studia l'inglese da tre anni; c. alcune regole di grammatica non gli entrano proprio in testa; inoltre dovrebbe parlare l'inglese molto meglio, dopo tutti i corsi che ha fatto; d. secondo Stefan la grammatica spesso blocca una persona e, se si pensa troppo agli errori, non si riesce più a parlare*

3 Riflettiamo

Obiettivo: Questo tipo di attività si propone di far "scoprire" la grammatica allo studente in modo induttivo. In questo caso specifico l'obiettivo è il riflettere su forma e uso del trapassato prossimo.
Procedimento: Seguite le istruzioni del manuale, facendo prima sottolineare i tempi e solo in un secondo tempo facendo riflettere su forme e uso. Se non vi viene fornita la risposta corretta circa l'uso del nuovo tempo, scrivete alla lavagna la frase del dialogo "Quando sono arrivato in Italia avevo già fatto un corso." e chiedete quale delle due azioni è avvenuta prima. Fatevi poi dettare altri esempi analoghi. Chiedete, infine, qual è la posizione del *già* (in effetti non è fissa, poiché a volte si può incontrare la forma *avevo fatto già, avevo preparato già*, ecc).

Soluzione: *Nel dialogo appaiono le forme* avevo già fatto, avevo frequentato, ero già stato.
Il trapassato prossimo si forma con l'imperfetto di avere *o* essere *+ il participio passato del verbo. Questo tempo si usa per esprimere un'azione del passato accaduta prima di un'altra azione passata.*

4 Avevi già fatto dei corsi?

Obiettivo: Esercitare il trapassato prossimo.
Procedimento: Prima di seguire le istruzioni del manuale, spiegate il significato del nuovo lessico.

Soluzione: *1. c. avevo già fatto; 2. g. era già cominciato; 3. a. erano già usciti; 4. e. era finita; 5. f. era già partito; 6. h. aveva già preparato; 7. b. avevo preso; 8. d. era già passata*

5 Intervista

Procedimento: Chiedete agli studenti di verificare il lessico, poi seguite le istruzioni del manuale. Non intervenite o intervenite il meno possibile mentre i partecipanti conversano liberamente. Questa è (spesso) l'unica opportunità di parlare che hanno e non è il caso che vengano bloccati (in tutti i sensi) in questa loro attività. Alla fine riportate la discussione in plenum ponendo delle domande tipo *Per te/Lei è stato semplice imparare l'italiano? Sei/È contento del tuo/Suo livello di conoscenza?* o facendo riferire direttamente agli allievi.

6 Consigli pratici per imparare le lingue straniere

Qui, trattandosi del primo vero e proprio testo, vale la pena fare alcune considerazioni generali a proposito della lettura in classe. Come affrontarla? Ad alta voce da parte dell'insegnante? O di uno studente? Lettura silenziosa da parte di tutti?
Le varie tecniche di lettura dipendono dallo scopo che ci si prefigge. Si legge per il piacere di leggere, per esplorare un testo velocemente, per approfondire o per ricercare informazioni. Anche la velocità di lettura e l'attenzione posta variano in base al motivo per cui si legge. Lettura ad alta voce e lettura silenziosa hanno due diversi obiettivi. La prima ha come scopo l'esercitazione fonatoria, il miglioramento dunque di pronuncia ed enfasi, il superamento dell'emozione che prende leggendo davanti a un pubblico, il dare il giusto valore ai segni di interpunzione. Se un insegnante ama questo tipo di attività, dovrebbe svolgerla con i testi dialogati. Il secondo tipo di lettura – sia analitica che selettiva – ha come obiettivo la comprensione. In ambedue i casi se l'allievo ha spesso l'esigenza, forse per tradizione scolastica, di comprendere tutte le parole di un brano, si cercherà di convincerlo

- che non è necessario capire ogni singolo dettaglio per godere il tutto, che lo scopo primario da raggiungere in classe è comprendere il significato globale, il saper distinguere fra informazione essenziale e non;
- che la pagina va affrontata con un tipo di lettura cursoria, cioè rapida; che è poi quello che facciamo nella realtà quotidiana, quando scorriamo ad esempio in fretta titoli e pagine alla ricerca di ciò che ci interessa;
- che dovranno usare anche le loro capacità deduttive poiché spesso, anche quando non si conosce una parola o una certa forma grammaticale, è possibile dedurne il loro significato in base al contesto nel quale sono inserite.

Lavorando in tal modo lo studente vincerà la paura di affrontare brani di una certa ampiezza e costellati di parole sconosciute (ma irrilevanti al fine dell'attività da svolgere).
A casa poi egli avrà l'opportunità, con l'aiuto del dizionario e se ne sente la necessità, di comprendere proprio tutto.

Procedimento per la lettura in generale:

Fate affrontare il brano dando un limite di tempo (che varierà da lettura a lettura) e facendo ricercare il significato globale.

Potete anche introdurre l'argomento (o leggendo il titolo, che potrebbe dare un'indicazione del contenuto, o mostrando l'eventuale illustrazione che lo correda, o semplicemente spiegandolo voi); l'introduzione al brano ha lo scopo di favorire un atteggiamento di attesa e di fornire alcune anticipazioni.

Fate poi chiudere il libro e formate delle coppie dicendo loro di confrontare quello che hanno capito. A questo livello lo scambio dovrebbe avvenire in italiano.

Fate leggere una seconda volta il testo, dando meno tempo. Incoraggiate gli studenti dicendogli che la seconda volta capiranno sicuramente di più. Allo scadere del tempo assegnato formerete delle nuove coppie che confronteranno ancora una volta, sempre a libro chiuso, quanto hanno capito.

Leggete il questionario, spiegando gli eventuali vocaboli sconosciuti. Fate compilare il questionario, facendolo seguire da un controllo in coppia.

Controllate la soluzione in plenum.

Solo a questo punto potrete spiegare qualche (non ogni!) vocabolo importante. Un modo per lavorare sul lessico delle letture di una certa lunghezza è quello di dire agli studenti di sottolineare cinque parole che loro reputano essere importanti per la comprensione del testo. A turno potranno chiederne poi il significato. Ricordate di fare attenzione alle domande degli altri e introducete, se necessario, la parola riga in modo che possano dire in italiano dove si trova la parola.

A questo procedimento si farà riferimento per tutte le letture.

Fate leggere il riquadro di destra di p. 13 *Usate qualsiasi opportunità.* Chiedete se si tratta di una forma singolare o di un plurale. Spiegate poi che *qualsiasi* è un aggettivo indefinito e invariabile. Forse gli studenti ricordano gli altri indefiniti che si comportano in modo analogo *(ogni* e *qualche).* Ricopiate alla lavagna il riquadro di sinistra sottolineando *nei quali* e scrivendo sotto = *in cui.* Fatevi dire e scrivete altre frasi contenenti il pronome relativo preceduto da tutti gli articoli possibili *(il/la quale – i/le quali)* e fatelo sostituire con *cui.* Chiedete se trovano delle differenze fra i due pronomi *(il primo è declinabile e ha l'articolo, il secondo è indeclinabile e si usa senza articolo).* Scrivete ora

Mi hanno detto che Sandro, il quale aveva un lavoro dipendente, adesso lavora in proprio e chiedete con che pronome si potrebbe sostituire *(che)*.

Soluzione: *b.; d.; e.; g.; i.*

7 E tu?

Procedimento: Seguite le istruzioni del manuale e solo alla fine riportate, se lo ritenete necessario, l'attività in plenum.

8 Non sono affatto d'accordo!

Procedimento: Seguite il procedimento presentato al punto 2, ma svolgendo l'attività per gradi. Prima fate rispondere alle domande di comprensione. In seguito, dopo aver affrontato il dialogo con la consueta metodologia, soffermatevi sul riquadro chiedendo il significato di quel *dovrebbe essere lì* (= credo che sia lì, forse è lì). Fate poi fare le opportune sostituzioni, dando delle frasi analoghe a quelle di p. 115, esercizio 7. Soltanto in un secondo tempo affrontate le due brevi letture chiedendo solo quale sia il parere degli autori della grammatica circa l'uso delle preposizioni *in/a* assieme a *vie* e *piazze* e circa *a me/mi*.

Soluzione: *a. sì; b. no; c. sì; d. sì*

9 Me lo presti?

Grammatica: I pronomi combinati.
Procedimento: Prima di far svolgere l'attività trascrivete alla lavagna la frase *Me la presti?* e chiedete di cercare nel dialogo qual è la parola sostituita dal pronome *la* (la grammatica).
Scrivete poi *Hai un vocabolario? … presti?* chiedendo di completare la frase con un pronome (combinato). Ripetete con *Hai dei pantaloni neri? … presti?* e con *Hai delle scarpe eleganti? … presti?*
Una volta che gli studenti avranno completato le tre domande, fate spiegare loro la regola.
Passate adesso al riquadro in cui appare anche la terza persona e su questa soffermatevi più a lungo, perché potrebbe non risultare difficile un *glielo* riferito a un possessore maschile, ma sarà di certo più illogico vederlo riferito a un possessore femminile.

Scrivete dunque   *A Carlo servirebbe la macchina.*   *Gliela presti?*
                           A Maria servirebbe la macchina.   *Gliela presti?*
                           A Carlo e Maria servirebbe la macchina.   *Gliela presti?*

e fate ulteriormente spiegare la regola ai corsisti. Fate svolgere l'attività come da istruzioni, spiegando prima il lessico nuovo e, se notate che vi sono ancora delle difficoltà, mostrate la tabella completa di p. 19 oppure ricorrete all'*Eserciziario* (pp. 116-117).

Soluzione: *il vocabolario: Glielo presti? Sì, glielo presto volentieri./No, non glielo posso prestare.; le forbici: Ce le presti?; la matita: Me la presti?; gli occhiali: Glieli presti?; il giornale: Me lo presti?; la videocassetta: Ce la presti?*

10 Argomentare

Obiettivo: Far riflettere sui moduli linguistici usati per esprimere la propria opinione, accordo e disaccordo.

Procedimento: Seguite le istruzioni del manuale, procedendo per gradi. Prima fate solo ricercare le forme usate nel dialogo. In un secondo tempo verificate che quelle del secondo compito siano note. Una volta controllata la soluzione, se volete potete fare delle domande in plenum, del tipo *Io penso che ... Sei d'accordo? Ho ragione nel dire che ...? Di cosa sei convinto?*

Soluzione del primo compito:
Esprimere la propria opinione: *Io trovo che ...; Secondo me ...; Non ho detto questo! Mi sa che ...; Credo che ...*
Esprimere accordo: *Anche io penso che ...*
Esprimere disaccordo: *Sì, però dai (suona male)! Perché scusa? Non sono (affatto) d'accordo. Io non sarei così (categorica)!*

Soluzione del secondo compito:
Esprimere la propria opinione: *Io sono del parere che ...; Io sono convinto che ...*
Esprimere accordo: *Sono d'accordo con te. Hai ragione. È proprio vero ...*
Esprimere disaccordo: *A me non sembra proprio! Io la penso diversamente. Non direi proprio!*

11 Cosa ne pensi?

Procedimento: Seguite le istruzioni del manuale.
Al termine dell'attività potete aprire un breve dibattito sui temi:
tolleranza o no verso gli "errori" nella (propria) lingua? Uso o meno
del dialetto? Se sì in quali ambiti è accettabile?

12 Italenglish

Obiettivo: Far riflettere sull'uso di diversi anglicismi (e in genere di
vocaboli stranieri) nella lingua italiana.
Procedimento: Seguite il procedimento presentato al punto 6. Solo
alla fine fate scoprire la regola che riguarda il "contrario" di molti
aggettivi, facendo leggere il riquadro. Fate poi cercare nel brano di
Severgnini un ulteriore aggettivo "contrario" (*inattaccabile*, riga 44).
Fate rileggere anche, alla riga 10, *coloro che* e spiegatene la funzione
(cfr. p. 200).

Soluzione: *Secondo Severgnini esiste un equivalente adeguato (e quindi
utilizzabile) di clic (cliccare); Internet (rete); screen-saver (salvaschermo);
desk top (da tavolo); surfing (navigazione); trackpad (tappetino). Non
esiste per computer, film, sport (ormai entrati a far parte dell'italiano);
per mouse, scan, browser e provider.*

13 È una parola di origine …

Procedimento: Qui si è proposta la suddivisione della classe in
due gruppi. Ma se questi fossero eccessivamente numerosi, formate
semplicemente 3-4 gruppi. Come per ogni gioco, date un limite di
tempo (qui circa 10 minuti) e spiegate che, una volta trovata la
soluzione, il gruppo dovrà dire "stop". Se vi saranno degli errori
nell'abbinamento, darete altri minuti per cercare di correggerli. Fate
ora spiegare il significato dei vari termini. *Abat-jour* = lampada da
comodino; *bouquet* = piccolo mazzo di fiori; *hacienda* = fattoria tipica dell'America del Sud; *freezer* = parte del frigorifero, congelatore;
globe trotter = giramondo; *karaoke* = gioco che consiste nel cantare
su una base musicale leggendo il testo che appare su uno schermo;
harèm = molte mogli; *hinterland* = zona che circonda una grande
città; *kitsch* = di cattivo gusto; *karma* = nelle religioni indiane peso
delle azioni; *kayak* = tipo di barca usata dagli Eschimesi; *mobbing* =
forte pressione psicologica esercitata in ambiente lavorativo contro

un lavoratore da un superiore o da un gruppo di colleghi; *yogurt* = latte coagulato originario della Bulgaria. Anche questa parte dell'attività potrebbe essere proposta come gioco. Vince il gruppo che per primo sa dare una spiegazione in italiano di tutti i vocaboli, dove non verranno presi in considerazione gli eventuali errori lessicali e/o grammaticali, ma solo l'esattezza dell'equivalenza.

Se volete a questo punto potete parlare più ampiamente degli scambi lessicali fra le lingue moderne. Informare, ad esempio, che la maggiore influenza sull'italiano si è avuta dall'inglese e dal francese, da cui derivano diversi termini propri dell'economia, della ricerca scientifica, del divertimento, della tecnica, della moda e della pubblicità (es. *budget, standard, transistor, robot, terminal, weekend, set; tailleur, coiffeur*); in parte anche dallo spagnolo soprattutto nel Rinascimento *(flotta, baia, vigliacco, mantiglia, cioccolato)*, mentre pochi sono i debiti verso il tedesco (se si esclude qualche parola relativa alla cucina come *strudel* o *würstel*) e verso le lingue slave *(steppa, tundra, soviet)*. Fate presente che comunque anche l'italiano ha arricchito altre lingue, immettendo in esse termini della cucina *(spaghetti, pizza, Chianti, mozzarella)*, dell'arte *(piedistallo, cupola)*, della musica *(piano, forte, largo, adagio, sinfonia)* e militare *(bastione, soldato, caserma)*.

Soluzione: <u>*francese*</u>: *abat-jour e bouquet;* <u>*spagnolo*</u>: *hacienda;* <u>*inglese*</u>: *freezer, globe trotter, mobbing;* <u>*giapponese*</u>: *karaoke;* <u>*turco*</u>: *harèm e yogurt (o yoghurt);* <u>*tedesco*</u>: *hinterland e kitsch;* <u>*eschimese*</u>: *kayak;* <u>*sanscrito*</u>: *karma*

14 Parole straniere

Procedimento: Seguite le istruzioni del manuale.

15 SOS italiano

La descrizione che segue può essere saltata da chi abbia già lavorato con *Espresso 1* e/o *2* e abbia seguito i procedimenti relativi all'ascolto raccomandati nella guida dell'insegnante dei due volumi. Qui appare per la prima volta un dialogo senza trascrizione; si tratta di un dialogo che ha come "canale" il CD e non la pagina scritta, che va quindi affrontato come vera e propria attività di ascolto. Prima di tutto spiegate che la fase di ascolto è fondamentale per imparare una lingua straniera, e soprattutto chiarite che ascoltare non significa assolutamente dover capire parola per parola, bensì capire il senso generale, la situazione. Può darsi che dopo un primo ascolto gli studenti vi dicano di non aver capito nulla o quasi nulla, che gli speaker parlano troppo velocemente, ecc. Con delle semplici domande del tipo: *Quante persone parlano? Dove sono queste persone secondo voi? Qual è il tema del dialogo?* ecc. dimostrate loro che in realtà hanno capito più di quel che pensano e che a ogni ascolto capiranno sempre di più.

A questo punto potete dare il via all'attività. Trattandosi di un dialogo abbastanza lungo è bene dividere l'attività di ascolto in diverse fasi: una di ascolto globale, in cui gli studenti devono capire solo il senso generale, e una più dettagliata, in cui dovranno concentrarsi su diversi compiti.

Procedimento:
Prima di tutto dite agli studenti di chiudere il libro e dite che (in questo caso) ascolteranno un'intervista presa dalla radio, quindi realmente autentica. Per creare un clima rilassato potreste anche dire di immaginare di essere in macchina, in Italia, e di ascoltare la radio. Dopo un primo ascolto formate delle coppie e dite loro di confrontarsi su quello che hanno capito, non importa se poco o anche pochissimo. Dopo un primo scambio di informazioni fate ascoltare di nuovo il brano. Formate poi delle nuove coppie e dite di ripetere lo scambio di informazioni. Dite loro che sicuramente la seconda volta avranno capito di più o che il nuovo partner gli darà delle nuove informazioni (ricordate che spiegare in classe il perché di determinati procedimenti è fondamentale).

A questo punto fate aprire il manuale e fate svolgere la prima parte dell'attività: fare una crocetta sui temi di cui si parla nell'intervista. Chiarite eventualmente il significato di parole non note e fate riascoltare. Gli studenti potranno confrontarsi in coppia, o se preferite, direttamente in plenum.

Passate poi alla seconda parte dell'attività di comprensione. Leggete ad alta voce le frasi del questionario, verificando sempre che gli studenti capiscano i vocaboli.

Fate riascoltare più volte il CD. Fate poi controllare le risposte in coppia, fino a che tutti abbiano risposto alle domande. Controllate la soluzione in plenum.

In caso di risposte differenti fate nuovamente riascoltare e verificate.

A questo procedimento faremo riferimento ogni volta che nel manuale apparirà un'attività di ascolto senza trascrizione.

Circa il titolo, la sigla S.O.S. è nuova, ma si tratta di un internazionalismo noto (*Save our Souls*; secondo un'altra interpretazione *Save our Ship*) che non dovrebbe creare difficoltà. Inoltre la tematica dell'unità è chiara ormai e probabilmente gli studenti faranno delle ipotesi plausibili sul contenuto del dialogo. Tenete comunque presente che non esistono ipotesi "sbagliate" o "giuste". Lasciate che gli allievi diano libero corso alla loro fantasia.

Trascrizione del dialogo:

◆ *Parliamo ora della lingua italiana. Un disegno di legge promosso dal senatore Pastore, che è Presidente della Commissione Pari Costituzionali, prevede l'istituzione di un Consiglio Superiore della lingua italiana, insomma di un organismo che vigili e garantisca la sopravvivenza di un idioma che anche con le recenti norme, che invece sono andate a salvaguardia dei dialetti, rischia di rimanere schiacciato tra una lingua continentale – che è sempre più candidato a diventare l'inglese – e le diverse lingue parlate e regionali. Noi abbiamo raggiunto, e ringraziamo per essere con noi, Alessandro Masi che è Segretario Generale della Dante Alighieri. Buonasera.*

■ *Buonasera a tutti voi. Buonasera. Grazie.*

◆ *Un consiglio per ... vigilare e per presiedere appunto a che si parli bene.*

■ *Mah, la lingua italiana è una lingua di ... di cultura. Questo significa che è una lingua che, prima ancora di essere stata parlata in maniera unitaria, è stata la lingua de ... di Dante, di Giotto e dei grandi trattati filosofici. Oggi il problema è quello di tutelarla da ... da quelli che sono i ... ehm ... gli inserimenti superflui, forse direi, dell'inglese, del francese, di altri ...*

◆ *Insomma, in Italia manca un organismo che abbia il potere di fare che cosa? Per esempio che cosa succede negli altri Paesi?*

■ *Mah, gli altri Paesi hanno comunque delle istituzioni che tutelano la lingua ... ehm ... ad esempio, faccio l'esempio del francese. Il francese non fa chiamare, non fa nominare, non fa denominare il "mouse" del computer come "mouse", perché è "topo" in ... nella traduzione. Lo fa chiamare "souris". E noi ...*

◆ *Sì, così come in spagnolo è "ratón" ...*

■ *Ecco, appunto.*

- *... e là c'è la Reale Accademia che vigila.*
- *Sì, ecco. Io non ... non non non sarei così rigido, perché in fondo anche il latino poi era aperto a ... però in qualche maniera che ci sia un'istituzione che sovrintenda un po' a ... ad alcune norme di garanzia della lingua italiana, credo ...*
- *Ecco allora, come poi vigilare davvero? Che cosa intanto cercare di arginare e come, con i divieti? Per esempio imporre dei divieti a che non si usino le parole straniere? Questo è già successo.*
- *Guardi, io non credo alla letteratura di Stato, non credo all'arte di Stato, non credo alla poesia di Stato e – tanto meno – non credo alla ... ad una grammatica di Stato. Però che in qualche maniera ci si ponga il problema centrale della lingua italiana come problema che tocca tutti i cittadini, e non soltanto noi specialisti, credo che questo sia molto positivo. In fondo ci farà riflettere un po'... un po'.*
- *Su chi bisogna intervenire? Per esempio, s'è detto che l'italiano come lingua è stato unificato dalla radio e dalla televisione.*
- *Sì.*
- *Però si rischia in questo modo, Lei sta dicendo, di passare dai dialetti per una breve fase attraverso l'italiano e poi passare a una lingua europea.*
- *Mah, guardi, no, io non sto dicendo questo. Io dico che, quando Manzoni ha scritto i "Promessi Sposi" o Cavour ha scritto le sue corrispondenze politiche, scrivevano in perfetto italiano ma parlavano francese o parlavano degli idiomi regionali. L'unità linguistica italiana ha ... ha ... ci ha reso tutti più vicini. Io credo che oggi questa lingua di cultura deve comunque trarre i benefici, dopo sette secoli di storia, e porsi sicuramente – come giustamente s'è posta – al quarto posto al mondo delle lingue più studiate e quindi degna, ripeto, di una signora, nobile com'è la lingua italiana. Quindi l'attenzione che lo Stato riserva alla lingua italiana è un atto di ... di doveroso, giusto credo.*
- *E allora, prima di salutarLa, Le vorrei chiedere comunque: una volta nato questo organismo su chi deve vigilare?*
- *Mah, io credo che ... non ci sia un problema di ... di di vigilanza. Io credo che ci sia un problema di sensibilizzazione, innanzitutto fra i giovani nelle scuole, innanzitutto negli organismi dove c'è il fermento nuovo della lingua. E mi riferisco a quelle che sono tutte le novità che vanno dai messaggini telefonici all'uso dell'Internet ... Sono cose che possono essere comunque ... ehm ...*

◆ *Grazie.*

■ *... controllate.*

◆ *Grazie ad Alessandro Masi, Segretario Generale della Dante Alighieri.*

Soluzione del primo compito: *Tutela della lingua italiana; Ruolo dei nuovi mezzi di comunicazione; Posizione dell'italiano tra le lingue studiate nel mondo*

Soluzione del secondo compito: *a. no (si tratta solo di un disegno di legge); b. no (Masi non sarebbe categorico, anche se sostiene che è necessario tutelare l'italiano da parole di origine straniera); c. sì; d. sì*

La pagina finale: Se gli allievi non hanno mai lavorato prima con *Espresso*, spiegate loro la funzione e l'importanza di questa pagina. Dite loro che si tratta di un'esposizione sintetica e sistematica e quindi di un pratico strumento di consultazione e di autocontrollo. Chiedete che a più riprese, nel corso della settimana, ripetano con cura sia le espressioni atte alla comunicazione che la grammatica che appaiono in tali pagine e che si segnino per la volta successiva le eventuali domande/dubbi, che potrebbero sorgere a casa.

1

Vivere in città

Tema: La città e le sue infrastrutture.

Obiettivi: Parlare di divieti, vantaggi o svantaggi di vivere in città; descrivere una regione.

Espressioni utili/lessico: *Sarebbe stato meglio ... / Avrebbero potuto ... Anziché (+ infinito), avrebbero potuto (+ infinito). Tu cosa avresti fatto al mio posto? Adesso mi tocca andare a piedi. Per non parlare del/ della ...! È tuo/Suo/vostro? Sì, è mio/nostro. Guardi che è vietato! Senta, non sono in vena di (+ infinito). Perché non si fa gli affari Suoi? Non so se mi sono spiegato. Non vorrei sembrarLe/sembrarti scortese, ma ...*

Grammatica: Il condizionale passato (o composto); il passato remoto; i pronomi possessivi.

1 Città

Obiettivo: Introdurre la tematica dell'unità.

Procedimento: Prima di iniziare con la pagina del manuale, potreste introdurre l'argomento generale chiedendo agli studenti quali città italiane conoscano e quali ne siano gli aspetti, i vantaggi o i problemi. In questo tipo di attività utilizzate sempre la cartina che appare all'interno della copertina di *Espresso*, in modo che avvenga un orientamento nello spazio. Fate poi aprire il libro e osservare le 5 foto, chiedete a quali città si riferiscano. Qualcuno riconoscerà Venezia (1ª e 3ª foto in alto) e Milano (2ª foto in alto). La prima foto in basso è stata scattata a Palermo e la seconda a Taranto. Ottenuta la risposta, seguite le istruzioni del manuale, lasciando i corsisti liberi di lavorare da soli.

2 Di che città si parla?

Obiettivo: Accostarsi sempre più alla geografia d'Italia, facendone conoscere aspetti meno turistici e forse meno noti.

Procedimento: Prima di seguire le istruzioni del manuale, spiegate il nuovo lessico del questionario. Durante lo svolgimento di quest'attività – che implica conoscenze di civiltà non facilissime – può darsi che i corsisti incorrano in errori o comunque in difficoltà. Fateli lavorare in coppia e controllate alla fine se gli abbinamenti sono

2

esatti. Una volta terminata questa fase, potreste chiedere/dare ulteriori informazioni: l'industria automobilistica di cui si parla è la FIAT, Roma è la capitale d'Italia dal 1871, l'Italia è una repubblica dal 1946, gli abitanti di Roma sono 2.645.322; il "triangolo industriale" è rappresentato da Milano-Torino-Genova. Nella seconda fase gli studenti parleranno in piccoli gruppi. Terminata la produzione orale, potreste svelare loro in che città vi trasferireste voi e perché.

Soluzione: *Torino: c, e; Milano: l, m, p; Venezia: b, f, g, i, q; Roma: a, b, d, n, o; Palermo: b, g, h, i, n*

3 Indovina

Procedimento: Seguite le istruzioni del manuale, precisando che si è liberi di scegliere una qualsiasi città, non necessariamente italiana, dato che lo scopo è quello di riutilizzare in modo (inter)attivo il lessico presentato nell'attività precedente.

4 Sarebbe stato meglio!

Obiettivi: Chiedere aiuto, lamentarsi, motivare.
Procedimento: Seguite il procedimento presentato nella prima lezione, punto 2. Al momento di ritornare alla pagina scritta per una più approfondita analisi (spiegazioni lessicali e grammaticali) chiarite la differenza fra "asilo" (una scuola riservata ai bambini di età compresa fra i 3 e i 6 anni) e "asilo nido" (per i bambini fino a 3 anni), specificando magari il significato di "nido". Spiegate che "busta" è un termine per "sacchetto" usato maggiormente al centro-sud. Per fissare la struttura "A che serve?" scrivete al centro della lavagna *A cosa (ti/Le) serve/servono ...?* e sotto una serie di possibili risposte *a vederci meglio – a offrire un servizio migliore – a niente – a mantenere la forma fisica – a trovare il significato di una parola – a poco – a lasciare i bambini piccoli mentre i genitori lavorano*, ecc. e fate indovinare quale sostantivo manca nella domanda.
Per la struttura "Mi/ti tocca" fate riflettere sul riquadro e fatevi spiegare il significato del verbo. Fate poi inventare allo studente A una frase con "dovere" che lo studente B dovrà sostituire con "toccare". Proseguite con un procedimento a catena. Se volete uno spunto per l'inizio dell'attività, andate all'eserciziario (p. 119).
Non spiegate forme e uso del condizionale composto che è oggetto della prossima attività.

2

Trattandosi di un dialogo in cui l'intonazione della voce risulta particolarmente importante (lamentarsi, essere d'accordo, meravigliarsi, ecc.), potrebbe essere utile una lettura/drammatizzazione ad alta voce.

Soluzione: *1. perché l'autobus ha cambiato itinerario; 2. del rumore e delle difficoltà ad attraversare; 3. avrebbero potuto costruire un giardino pubblico o un asilo (nido); 4. nella zona mancano una biblioteca, impianti sportivi, un cinema*

5 E voi che cosa avreste fatto?

Obiettivo: Fissare uso e forme del condizionale passato (o composto).

Procedimento: Come accennato nella Premessa, la grammatica, dove possibile, è stata introdotta in *Espresso* in modo induttivo. Si consiglia di non fornire una regola, ma di stimolarne la ricerca e l'esposizione sull'osservazione del materiale in cui essa è stata presentata. Gli studenti saranno perciò indotti a fare ipotesi e voi interverrete solo per sistematizzare la regola. Fate leggere i due esempi e chiedete: "Secondo voi cosa esprime questo nuovo tempo? Un'azione realizzata, realizzabile o irrealizzabile?" La risposta dovrebbe essere semplice, visto che i discenti conoscono già l'uso del condizionale presente, ma se dovessero esserci difficoltà, scrivete alla lavagna *Lo comprerei volentieri, ma non ho più soldi* e sotto *Lo avrei comprato volentieri, ma non avevo più soldi*. Fate fare alcuni esempi in plenum, iniziando con una frase tipo *Sarei andato volentieri a teatro, ma ...* e facendo completare agli studenti. Prima di seguire le istruzioni del manuale, spiegate / fate spiegare il nuovo lessico. In particolare soffermatevi sulle "targhe alterne", un sistema introdotto da qualche anno in Italia per ovviare ai problemi del traffico (cfr. Infobox, p. 120).

Proposta supplementare: Dite agli studenti di fingersi ex-amministratori della città in cui risiedono, delusi per non aver fatto qualcosa di meglio per i loro cittadini. In piccoli gruppi inventeranno 5 frasi con il condizionale composto che poi tutti trascriveranno su un cartellone da appendere in classe intitolato "Per una città più vivibile" oppure "Per una città a misura d'uomo".

6 La traversata dei vecchietti

Grammatica: Introduzione del passato remoto.
Procedimento: Prima di far svolgere l'attività richiesta dal manuale (sequenza cronologica dei disegni), spiegate la situazione generale aiutandovi con il titolo. Date poi le parole-chiave utili alla soluzione dell'esercizio: *strisce pedonali, avanzare, sdraiarsi, far finta di, frenare, rimbalzare*. Seguite poi il procedimento presentato nella prima lezione, punto 6.

Soluzione: *4, 3, 5, 2, 6, 1*

 Stefano Benni è nato a Bologna nel 1947. È scrittore, giornalista satirico e collaboratore di numerosi quotidiani. Il suo primo libro, *Bar Sport*, è uscito da Mondadori nel 1976. La sua produzione comprende romanzi, racconti, raccolte di poesie, teatro e persino cinema. Tra le sue opere ricordiamo: *Terra* (1983), *Comici spaventati guerrieri* (1986), *Il bar sotto il mare* (1987), *Baol* (1990), *L'ultima lacrima* (1994), *Spiriti* (2000).

7 Riflettiamo

Procedimento: Per quanto riguarda l'introduzione di un nuovo argomento grammaticale, si veda quanto scritto in questa lezione al punto 5. Fate dunque leggere il primo riquadro (passato remoto dei verbi regolari) e fate coniugare nel nuovo tempo altri verbi regolari come *parlare, credere, riuscire*. Fate poi riflettere sul secondo riquadro (verbi irregolari), soffermandovi innanzitutto su *avere* che dovrebbe fornire la spiegazione alla regola (è sufficiente conoscere la 1ª persona singolare per essere in grado di coniugare tutto il verbo; la 2ª persona singolare deriva dall'infinito). Scrivete alla lavagna *chiedere* e *venire* e le sole forme *chiesi* e rispettivamente *venni* e fate completare la coniugazione. Una volta che gli studenti vi avranno fornito la regola, dite loro alcuni verbi all'infinito, solo la 1ª persona del passato remoto e fate coniugare in tutte le altre persone *(chiudere – io chiusi, scrivere – io scrissi, scendere – io scesi)*. Spiegate infine che altri verbi sono totalmente irregolari, come *essere, dare, dire, fare*. Dopo aver fatto ricercare nel brano le nuove forme verbali, spiegate che questo tempo viene usato soprattutto nella lingua scritta (in quella parlata è praticamente assente al Nord, usato invece al Centro e ancora di più al Sud) e che per questo gli viene ora richiesto (attività 8) di scrivere un brano "letterario".

2

Soluzione: *cercarono, disse* (più volte), *camminarono, trovarono, cercò, fu, riuscirono, venne, si sdraiò, arrivò, frenò, diede, mandò, gridò, passò, rispedì, rimbalzò, si ritrovò, chiese*

8 Riuscirono i nostri vecchietti …?

Obiettivo: Uso del passato remoto.

Procedimento: Come affrontare la produzione scritta in classe? Visto che l'attività di scrittura non è in genere molto amata (in effetti si scrive molto meno anche nella propria lingua madre), premettete innanzitutto agli studenti che questa è un'attività molto utile soprattutto a questo livello, perché permette l'acquisizione di un linguaggio formale rispetto a quello utilizzato nel parlato e – come in questo specifico caso – di un tempo verbale normalmente non usato (almeno nel Nord Italia). Fra l'altro quando si scrive si ha il tempo di riordinare le idee, riflettere, scegliere le espressioni e i vocaboli più adatti. In altri termini, in un testo scritto la nostra comunicazione sarà più chiara e completa, più esplicita, più coesa e soprattutto correggibile.

Cercate dunque di incoraggiare gli studenti dicendo che è pur vero che la scrittura risulta forse l'abilità più complessa, ma che consente pure di riattivare la conoscenza di tutto quanto si è appreso. Spiegate che la scrittura – più che il parlato – dovrà rispettare i principi della logicità, organicità, coerenza e correttezza e che quindi una "scaletta" sarà senz'altro un valido aiuto.

Anche per questa attività assegnate un tempo massimo (qua ci sarà bisogno di una ventina di minuti), non intervenite se non su esplicita richiesta e soprattutto, almeno in un primo momento, astenetevi dall'intervenire nella correzione. Riflettete sul fatto che l'errore è un inevitabile e necessario stadio di passaggio nel processo d'apprendimento e che, ai fini di ottenere dei buoni risultati, un positivo *Feedback* riveste un ruolo decisivo, non meno importante comunque della correzione da parte vostra. Qui, comunque, i discenti lavorano in coppia e si presuppone dunque che si correggano a vicenda. Alla fine dell'attività, se gli studenti lo desiderano, raccogliete le produzioni per farne una correzione a casa.

In questo specifico caso fate recitare alle coppie la conclusione del racconto e appendete alla parete le varie storie con il nome dei due autori.

A tale procedimento faremo riferimento ogni qualvolta apparirà una produzione scritta.

Se gli studenti sono curiosi di sapere come termina il racconto di Benni, potete assegnare come lettura a casa la prosecuzione del brano (qui sotto trascritta) e chiederne poi un sunto nella lezione successiva. In tale eventualità, date però un aiuto con alcune parole chiave.

– *Dirottiamo una bicicletta* – *disse Alberto.*

    Così aspettarono che un terzo vecchietto passasse in bicicletta e balzarono sul sellino (ci stavano perché erano molto magri tutti e tre). Aldo puntò la pipa contro la schiena del terzo vecchietto che si chiamava Alfredo e disse:

– *Vai a sinistra o guai a te!*

– *A sinistra? Ma io devo andare dritto.*

– *Vai* – *disse Aldo* – *o ti riempio di tabacco.*

    Alfredo non comprese bene la minaccia, però si spaventò e cercò di voltare a sinistra, ma piombò una Mercedes che li centrò in pieno. Arrivò la polizia.

– *Com'è successo?* – *chiese.*

– *Io sono l'onorevole De Balla* – *disse quello della Mercedes.*

– *Allora può andare* – *disse il poliziotto* – *e voi, cosa avete da dire a vostra discolpa?*

– *Volevamo attraversare la strada* – *dissero i tre vecchietti.*

– *Senti questa!* – *disse il poliziotto* – *Ah, gli anziani d'oggi! Imprudenti. C'è troppo traffico e siete vecchi e malandati.*

– *La prego, ci faccia attraversare* – *disse Aldo.*

– *Dobbiamo andare ai giardini* – *disse Alberto.*

– *Se no mi riempiono di tabacco* – *disse Alfredo.*

– *Neanche per sogno, vi riaccompagno indietro. Da dove vi siete mossi?* – *disse il poliziotto.*

– *Da lì* – *disse Alberto indicando il marciapiede che volevano raggiungere.*

– *Allora vi ci riporto, e guai se cercate ancora di attraversare* – *disse il poliziotto.*

    Così con la scorta della polizia i tre vecchietti riuscirono a passare dall'altra parte e poi arrivarono al giardino.

    C'era veramente un bel laghetto. Si trovarono così bene che non riattraversarono mai più.

2

Proposta supplementare: Prima di passare all'attività seguente, che riguarda un argomento totalmente diverso, potete sfruttare la nuova forma verbale per il seguente gioco interattivo.

Chi è?

Dividete la classe in gruppetti e dite ad ogni gruppo di pensare ad un personaggio molto famoso e già morto. Scrivete poi alla lavagna le forme (sconosciute) *nacque, visse, scrisse, morì, scoprì* ... Ogni gruppo porrà agli altri una serie di domande al passato remoto, cercando di individuare l'identità dello sconosciuto. Se amate il gioco, potete eleggere come vincitore il gruppo che, con il minor numero di domande, ha scoperto di chi si tratta.

9 Guardi che è vietato!

Obiettivo: Informarsi sul possesso di qualcosa, confermare il possesso di qualcosa, esprimere un divieto, chiedere spiegazioni, insistere.
Grammatica: I pronomi possessivi.
Procedimento: Questo dialogo "con trascrizione" segue un procedimento leggermente diverso dai soliti (cfr. lezione 1, punto 2); gli studenti dovrebbero infatti essere in grado di ricostruirlo senza l'aiuto del CD, previo chiarimento del lessico utile alla soluzione: *vietato, scortese, riservato, non sono in vena di* (sinonimo di *non ho voglia di*), *parcheggiare, portiere*. L'ascolto in tal caso avrà come unico scopo quello di verificare l'esattezza cronologica delle frasi. Al momento di ritornare alla pagina scritta per la consueta analisi lessicale e grammaticale, spiegate, se possibile in italiano, le seguenti espressioni: *farsi gli affari propri* (= non interessarsi dei fatti degli altri) e *non so se mi sono spiegato* (= non so se sono stato chiaro). Chiedete il sinonimo di *è vietato* (= non si può), *stabile* (= casa, edificio), *scortese* (= poco gentile, maleducato). Per il fissaggio della locuzione *(non) essere in vena di*, ponete qualche domanda in plenum, tipo *Oggi sei/è in vena di studiare? Perché (no)? Ieri eri in vena di ...?*
Per quanto riguarda i pronomi possessivi, fate leggere il riquadro e poi scrivete alla lavagna *Di chi è?* Girando per la classe prendete dai banchi un oggetto qualsiasi, ripetete la domanda *Di chi è questo libro? Questa penna?* pretendendo una risposta con un pronome. Con certezza gli studenti daranno la risposta esatta. Una volta verificato che sia chiaro che alla domanda *Di chi è?* si risponde con *(È) mio, suo, nostro,* ecc. (senza articolo), spiegate che *È tuo?* è sinonimo di *Appartiene a te?*

Scrivete ora *La mia macchina è rossa. E la tua? I miei occhiali sono nuovi. E i tuoi?* e fate riflettere sul pronome possessivo con e senza articolo. Spiegate, infine che con *Questo libro è il tuo?* si chiede pur sempre l'appartenenza, ma implicherebbe che c'è un altro libro, oltre a quello di cui sta parlando la persona. Chiedete inoltre cosa potrebbe significare "i tuoi", "i miei" dando l'esempio *Come va, Maria? E i tuoi come stanno?* verificando che sia stato compreso che si tratta di "i tuoi genitori" o più ampiamente "i tuoi (a casa)", "la tua famiglia".

Soluzione: *Sì, è mia, perché?; Perché è vietato, scusi?; E Lei chi è?; Guardi, non vorrei sembrarLe scortese; No, non si è spiegato; Senta, io oggi non sono proprio in vena di discutere ...; Niente ma ...*

10 Vietato ...

Procedimento: Seguite le istruzioni del manuale. Infine fate tradurre nella lingua del discente le scritte dei cartelli di p. 26.

Proposta supplementare per gli insegnanti che lavorano con un pubblico (molto) giovane:

Fate disegnare ai ragazzi alcuni divieti che loro introdurrebbero/abolirebbero, con relativa scritta: *Io introdurrei/abolirei il divieto di ...*

2

11 Niente cani nei locali!

Procedimento: Seguite le istruzioni del manuale e chiedete che nel dialogo vengano utilizzate le locuzioni del riquadro.

Proposta alternativa per gli insegnanti che lavorano con un pubblico (molto) giovane:

Innanzitutto fate volgere al tu le espressioni del riquadro *Non vorrei sembrati scortese, Perché non ti fai gli affari tuoi?,* proponete poi una situazione diversa, tipo

A È pomeriggio. Dopo una faticosissima giornata di scuola, decidi di uscire e di rilassarti in un bel parco con il tuo walkman. Ti hanno appena regalato l'ultimo CD del tuo gruppo preferito. Ti piace ascoltare la musica ad altissimo volume.

B Sei tranquillamente seduto/-a in un parco con l'ultimo libro che hai comprato. Hai voglia di pace e silenzio, quando arriva uno/-a con un walkman (tu non ami per niente la musica e soprattutto il volume alto). Fa' presente all'altra persona che la cosa ti disturba.

12 Città o campagna?

Procedimento: Seguite il procedimento presentato nella prima lezione, punto 6. Spiegate alcune parole-chiave come *esondare, evacuare, salvo, note dolenti*. Dopo aver verificato la soluzione, spiegate il significato di *prima, seconda, terza media* (corrispondenti al 6°, 7°, 8° anno di scuola, identici in Italia per tutti gli scolari) e *liceo (classico, scientifico, linguistico, psico-pedagogico,* uno degli istituti superiori, oltre a quelli tecnici e professionali). Fate leggere il termine *chilòmetro* per evitare che venga pronunciato in modo errato. Spiegate che la pianura Padana è una delle zone più nebbiose d'Italia. Scrivete alla lavagna *Ogni quanto?* e *un anno sì e tre no*. Fate sostituire "anno" con altre espressioni di tempo e ponete domande tipo *Ogni quanto andate in biblioteca / in piscina?* ecc. In un secondo momento fate svolgere la seconda fase dell'attività, la produzione orale libera. Alla fine dividete la classe in due gruppi: da un lato chi preferisce la città, dall'altro chi preferisce la campagna (se tutti dovessero preferire la città, suddividete voi la classe in gruppi). Ogni gruppo scriverà su un foglio *È meglio vivere in città* e rispettivamente *in campagna* ed elencherà per iscritto i vantaggi del luogo scelto.

Soluzione: *a. In Lombardia; b. Si è trasferita da Milano a Caselle (in campagna) per seguire il marito; c. Perché la vita in campagna è noiosa, tutto è piatto, perché per fare qualsiasi cosa si devono percorrere almeno 20 chilometri, perché in campagna non ci sono mezzi pubblici / è costretta a usare sempre la macchina; perché in campagna mancano le scuole superiori e in genere molte infrastrutture (cinema, teatro, mostre, ecc.).*

 Il Po è il maggior fiume italiano per lunghezza (652 km) e ampiezza di bacino (74.970 kmq). Nasce a 2020 m di altezza dal Monviso e attraversa il Piemonte, la Lombardia, l'Emilia-Romagna e il Veneto. Sfocia nell'Adriatico. La navigabilità del fiume è modesta. A causa del considerevole trasporto di sedimenti, si sono verificate nel passato numerose alluvioni.

Proposta supplementare per gli insegnanti che lavorano con un pubblico (molto) giovane:

Per arrivare a una comparazione fra la situazione italiana e quanto avviene nel Paese di origine degli studenti, fotocopiate e distribuite il seguente foglietto che verrà incollato sul quaderno.

Completate:

Frequento la _____ classe del _____ (tipo di Istituto)
che in Italia corrisponderebbe alla _____ classe del _____
_____ (tipo di Istituto). In Italia i bambini vanno a scuola a 6
anni, come da noi / da noi invece a _____ anni. La prima
scuola in Italia è la scuola elementare che dura 5 anni (da noi si chia-
ma _____ e dura _____ anni). Alle elementari
seguono 3 anni di scuole medie. Alla fine delle medie c'è un esame
per prendere il diploma. Qui finisce l'obbligatorietà scolastica. Anche
da noi / da noi invece _____

13 La mia regione preferita

Obiettivo: Ulteriore accostamento alla geografia italiana.
Procedimento: Per l'ascolto seguite il procedimento presentato nella
prima lezione, punto 15. Spiegate i nuovi aggettivi del questionario e
fate un paio di ascolti solo per permettere di risolvere il primo compito. Dopo un controllo in coppia e poi in plenum, passate al secondo
compito. Se ritenete insufficiente lo spazio a disposizione, fate svolgere l'attività sul quaderno.

2

Trascrizione delle interviste:

◆ *Senti, Gianni, tu hai una regione preferita, una regione che ti piace
particolarmente?*

■ *Allora, la mia regione preferita è decisamente il Trentino-Alto Adige.*

◆ *Mm. E che cosa ti piace di questa regione?*

■ *Di questa regione mi piace il fatto che è abbastanza tipica, cioè che
comunque è una regione che secondo me ha un suo cosmo molto particolare. Mi piace il verde, mi piace la natura, mi piacciono le montagne,
mi piace il paesaggio, mi piace tutto ciò che è legato proprio a … a un
discorso di … ehm … di natura, di …ehm … Mi piace passeggiare, mi
piace fare montagna, quindi è una regione che amo anche molto per
questo.*

◆ *E ci sono altre regioni in Italia che ti piacciono particolarmente?*

■ *Trovo molto bello il Veneto …*

◆ *Mm ...*

■ *... per un discorso completamente contrario al precedente, proprio perché ... ehm ... trovo molto bello un discorso urbano, cioè mi piace quello che è stato fatto a livello urbano, le ville venete, le ville Palladiane ... Trovo che sia completamente diverso dal Trentino, ma allo stesso tempo affascinante come il Trentino. Quindi ...*

◆ *Però, non è tanto il paesaggio che ti piace in questo caso ...*

■ *No, no, no, su questo ... cioè è proprio il discorso contrario, cioè proprio la mano dell'uomo, la mano dell'uomo che disegna, che fa un'architettura, che costruisce, che ... che produce.*

◆ *Mm. Tu di dove sei?*

■ *Toscano.*

◆ *Toscano. E la tua regione? Che cosa dici della tua regione?*

■ *La mia regione, beh, forse è la più completa. Ora magari c'è la solita presunzione di noi toscani, però comunque è una regione dove c'è il mare, c'è la montagna, ci sono delle bellissime città e ... quindi penso forse che sia la regione più completa.*

◆ *Mm ...*

■ *Anche se i Toscani tante volte non sono così simpatici.*

◆ *C'è una regione, oltre alla tua, in cui ti piacerebbe vivere?*

■ *Sempre il Trentino.*

◆ *Il Trentino ...*

■ *Il Trentino perché comunque trovo che sarebbe completamente diverso, e proprio per questo forse sarebbe un cambio totale, quindi per questo lo preferirei.*

◆ *OK, grazie.*

■ *Prego.*

◆ *Senti, Cristiana, c'è una regione in Italia che ti piace particolarmente?*

● *Sì, la regione in cui vivo, la Toscana.*

◆ *E per quale motivo ti piace?*

● *Mah, principalmente per la dolcezza delle colline, proprio i colori anche, ricordano sempre ... sembra sempre di essere in un quadro, queste sfumature di verde sempre molto delicate ... e poi, inutile negarlo, la Toscana è proprio una regione molto, molto romantica. Anche se poi le mie origini sono ... vengono da un'altra parte, però la*

Toscana devo dire è proprio una delle regione che io trovo più vivibili, anche se non ho grandi esperienze di vita in altre regioni.

◆ *Mm …*

● *Ecco, questo è principalmente il motivo.*

◆ *Tu hai detto che vieni da un'altra parte.*

● *Sì, le mie origini sono campane …*

◆ *Aha.*

● *… un po' campane, un po' sarde. Papà campano e mamma sarda. E quindi sento anche molto il Sud e le regioni del Sud. La Toscana però è proprio nel mio cuore perché ci vivo, ci sono nata …*

◆ *Certo …*

● *… poi i miei nonni sono di qua.*

◆ *Ci sono altre regioni che ti piacciono molto?*

● *Sì, sicuramente la Campania, proprio perché trovo … ehm … un aspetto molto sensuale di quella … di quella regione, le persone sicuramente e poi proprio io mi … sento proprio che nel mio profondo faccio proprio parte di quella regione lì. Sinceramente sì, la Campania decisamente.*

◆ *E anche la Sardegna, immagino. No?*

● *Sì, ma la Sardegna un po' meno …*

◆ *Un po' meno …*

● *Sì, decisamente sì, li sento … anche se sono, se è un popolo abbastanza che ti accoglie molto … in modo molto dolce, però li sento più freddi rispetto ai campani …*

◆ *Mm …*

● *… decisamente sì.*

◆ *C'è una regione, oltre alla tua, quindi oltre alla Toscana, in cui ti piacerebbe vivere?*

● *Sì, … ehm … sicuramente una regione del Sud.*

◆ *Come mai questa cosa del Sud?*

● *Beh, ovvio, ovvio, perché non conoscendolo bene e pur appartenendo al Sud perché appunto come ho detto le mie origini sono quelle, sicuramente sceglierei una regione del Sud. Conosco anche regioni del Nord, come la Valle d'Aosta, splendida, però sento proprio che le persone alle quali posso stare più vicina sono le persone del Sud.*

◆ *Mm, OK, ti ringrazio.*

● *Prego.*

2

◆ *Teresa, qual è la tua regione preferita?*

▲ *Penso la Sicilia. La Sicilia mi piace molto. Sì.*

◆ *E come mai?*

▲ *Perché è una regione secondo me affascinante, misteriosa. Son stata diverse volte in Sicilia, ho fatto dei viaggi a Palermo, poi ho visto Catania, Trapani e in ogni città scopri degli odori particolari. Mi … Ho in mente delle … proprio degli odori. Un'aria, un'aria diversa da quella diciamo continentale. Poi anche le persone, devo dire, tutto sommato sono … sono piuttosto, come dire, calde appunto, come … come come tutte le persone del Sud. Chiaramente hanno anche dei lati scuri, però è … è affascinante. La Sicilia mi è sempre piaciuta molto.*

◆ *C'è qualcosa in particolare della regione che ti piace. Non so, il paesaggio oppure la storia e così via …*

▲ *Il paesaggio sicuramente, è stupendo. Mi ricordo l'Etna, mi ricordo il mare della Sicilia e poi mi ricordo proprio soprattutto la … la città di Palermo e quindi monumenti storici stupendi. Proprio dal punto di vista dell'architettura penso che sia meravigliosa Palermo.*

◆ *Mm. Ci sono altre regioni, altre regioni che ti piacciono in particolar modo?*

▲ *Sì, la Valle d'Aosta mi piace molto. È legata …*

◆ *Completamente diversa dalla Sicilia …*

▲ *Sì, completamente diversa, però legata anche quella alla … affettiva-mente alla mia infanzia, perché c'ho passato molte estati, son stata in montagna lì, ho fatto un sacco di girate, quindi ho visto dei paesaggi meravigliosi anche lì e … e quest'aria appunto anche lì fresca, un'aria stupenda e poi si mangia benissimo in Valle d'Aosta secondo me …*

◆ *Mm …*

▲ *… e mi ricordo il latte appena munto della mucca, insomma …*

◆ *Va beh, OK, grazie.*

▲ *A te. Grazie.*

Soluzione del primo compito:
sensuale, verde, romantica, affascinante, calda, misteriosa

Soluzione del secondo compito:

	Gianni	Cristiana	Teresa
Qual è la sua regione preferita?	Il Trentino Alto-Adige.	La Toscana.	La Sicilia.
Perché?	È una regione tipica che lui ama per la natura, le montagne ed il paesaggio.	Per la dolcezza delle colline e per i colori; perché è romantica e vivibile.	È una regione affascinante e misteriosa; la ama anche per i suoi profumi, la gente (calda), il paesaggio e l'arte.
Ci sono altre regioni che gli/le piacciono?	Il Veneto.	La Campania ed in misura minore la Sardegna.	Non lo dice.
Di dov'è?	È toscano.	È un po' campana e un po' sarda, ma nata in Toscana.	Non lo dice.
Che cosa pensa della sua regione?	Che sia forse la regione più completa.	Vedi sopra (sotto *Perché?*).	Non lo dice.
In quale regione gli/le piacerebbe vivere?	Nel Trentino.	Una del Sud.	Non lo dice.

2

14 Una regione

Obiettivo: Introduzione del lessico utile per l'orientamento nello spazio.

Procedimento: Seguite le istruzioni del manuale.

A questo punto fate vedere, se non l'avete ancora fatto, tutte le regioni d'Italia, mostrandone nome e posizione e facendole descrivere agli studenti stessi con i mezzi linguistici a loro disposizione *(Chi vuole dire qualcosa sull'Emilia-Romagna? O sulla Sardegna?).*

Proposta supplementare per gli insegnanti che lavorano con un pubblico (molto) giovane:

Preparate precedentemente per ogni gruppo una fotocopia di una cartina dell'Italia cancellando i nomi delle regioni e delle città e che in classe farete poi ritagliare agli studenti. In classe dite ai ragazzi di concentrarsi sulla cartina all'interno della copertina, sulla forma dell'Italia e sul nome delle regioni/capoluoghi, precisando che poi seguirà un'attività in cui si metterà alla prova la loro memoria. In piccoli gruppi cercheranno (in una quindicina di minuti) di memorizzare il maggior numero di informazioni possibili: *la Sardegna si trova a Ovest; la Calabria è al Sud, Roma è il capoluogo del Lazio,* ecc. Trascorso il tempo a disposizione, gli studenti chiuderanno il libro: ogni gruppo riceverà le 20 cartine corrispondenti alle regioni e dovrà ricomporre l'Italia, segnando i nomi delle regioni e dei capoluoghi. Vince il gruppo che per primo terminerà il compito assegnato o chi avrà completato maggiormente la cartina (1 punto per ogni nome esatto; - 1 punto per ogni errore).

Non mi serve, ma ...

Tema: Il consumismo.

Obiettivi: Parlare di oggetti, acquisti e abitudini consumistiche. Descrivere oggetti, il materiale e le caratteristiche, chiedere / dare una spiegazione, fare una supposizione, esprimere un'opinione, un dubbio, preoccupazione, timore, insoddisfazione, protestare / reclamare, scusarsi / giustificarsi (al telefono).

Espressioni utili / lessico: *Non mi serve! Serve a pulire/per aprire; Si usa per tagliare, cucire ...; Credo che/penso che/può darsi che/ho paura che abbia già venduto la sua macchina; L'importante è che non costi un patrimonio!; Non fare storie!; Per fortuna che ...!; Sono spiacente ma ... / Lei ha ragione, ma ... / Sì, ma può darsi che ...; Eh, no, mi scusi, ma ...; Ma Le pare il modo di ...?; Giuro che è l'ultima volta che ...*

Grammatica: Uso del congiuntivo presente (riassunto), il congiuntivo passato, concordanza dei tempi al congiuntivo (I), i verbi transitivi con un pronome riflessivo (uso della lingua parlata), la particella *ri-*, il pronome *ci* in sostituzione di *con qualcuno, con qualcosa*, il futuro anteriore, marcatori temporali che si usano con il futuro anteriore.

3

1 Compravendita

Obiettivo: Introduzione del lessico relativo ad alcuni prodotti.
Procedimento: Scrivete il titolo dell'unità alla lavagna (il verbo *servire* è già noto da *Espresso 1*) chiedendo quale potrebbe essere il tema della lezione. Poi seguite il procedimento presentato nella prima lezione, punto 6, relativo alla lettura in generale, dando due sole parole-chiave: *oro* e *argento*. Anche se i brevi annunci contengono diverso lessico nuovo, gli abbinamenti non creeranno grosse difficoltà (*zaino* è noto, così come i colori, *orecchino* non lo è, ma gli studenti conoscono *orecchie*). Una volta svolta la prima fase dell'attività, l'abbinamento appunto, controllate in plenum e poi tornate agli annunci spiegando/facendovi spiegare i nuovi vocaboli (utili per l'esecuzione della terza fase). Passate poi alla seconda fase, la discussione libera, che potrete far svolgere sia in piccoli gruppi che in plenum, forma – quest'ultima – preferibile se avete un numero limitato di studenti. La terza fase, la ricerca del lessico da inserire nella tabella, può essere fatta sia individualmente che in coppia. Prima di

farla svolgere spiegate il significato di *materiale*. Affrontate, infine, l'ultima fase dove appaiono diversi nuovi vocaboli. Prima di farli inserire nella tabella, fateli leggere ad alta voce e cercare in plenum l'eventuale traduzione. Una volta completata la tabella fissate i nuovi aggettivi con domande in plenum tipo *Cosa è ingombrante? Cosa inutile/pesante/indispensabile?* e così via, oppure sfruttando ulteriormente foto e lessico di p. 30 *(Gli orecchini sono ingombranti? Un tavolo antico è indispensabile?)*, ecc.

Soluzione del primo compito: *e. zaino da trekking; i. tavolo antico; c. orecchini in oro; g. tovaglia in lino; a. cornice in argento*

Soluzione del secondo compito: materiale: *nylon, legno (di mogano), oro, lino, argento (925);* forma: *rotondo, rettangolare;* altre caratteristiche: *da trekking, resistente, impermeabile, dotato di (una tasca con chiusura lampo), usato pochissimo, antico, (degli) inizi '900, restaurato (da pochi anni), grazioso, ottimo affare*

Soluzione del terzo compito: materiale: *metallo, ferro, plastica, velluto, carta, pelle, vetro, ceramica;* forma: *triangolare, quadrato, ovale;* altre caratteristiche: *utile, inutile, ingombrante, sottile, pesante, pratico, indispensabile*

2 Bingo

Obiettivo: Introduzione e fissaggio di nuovo lessico.
Procedimento: Fate dire ad alta voce il nome degli oggetti già noti; poi gli studenti chiederanno a voi/ai compagni *Come si dice X in italiano?* I nuovi vocaboli verranno scritti (in disordine) alla lavagna. A questo punto passate al fissaggio del lessico, prima facendo semplicemente leggere i vocaboli e poi facendoli abbinare al corrispondente oggetto. Se invece avrete preventivamente preparato dei cartoncini con le immagini fotocopiate, potrete esercitare il nuovo vocabolario additando le varie illustrazioni. Passate infine alla fase vera e propria del bingo senza intervenire, precisando solo che si seguano, nell'esecuzione dell'attività, le frasi date a modello.

3 E tu?

Obiettivo: Introduzione alla tematica "un nuovo modo di far acquisti".
Procedimento: Seguite le istruzioni del manuale.

4 Una buona occasione

Grammatica: Introduzione del congiuntivo passato (forme e uso).
Procedimento: Seguite il procedimento presentato nella prima lezione, punto 2, lavorando per gradi. In una prima fase limitatevi a far rispondere alle domande del questionario. Solo in seguito fate svolgere la seconda parte dell'attività, che di per sé non contiene nulla di nuovo. Il congiuntivo (presente), infatti, è già noto da *Espresso 2*, lezione 9. Qui si intende richiamarne l'uso e introdurre il nuovo tempo (il passato). Si tratta, in sostanza, di un aspetto della concordanza dei tempi al congiuntivo. Mostrate il riquadro di p. 34 chiedendo come si forma il congiuntivo passato e fate coniugare qualche verbo nel nuovo tempo. Chiedete di che genere è la marca delle macchine (femminile: *la* 600) e poi fate completare singolarmente o in coppia la prima tabella. Controllate in plenum e domandate quali dei congiuntivi trascritti siano un presente e quali un passato. Infine fate svolgere l'ultima fase dell'attività. Dopo la verifica chiedete quando si usa il congiuntivo passato. Se non vi perverrà alcuna risposta corretta, scrivete alla lavagna le due frasi: *Penso che la usi poco* e *Penso che l'abbia usata poco* e fate fare delle ipotesi. Se ancora non riceverete la risposta esatta scrivete alla lavagna uno schemino del tipo:
Penso che venda la macchina. (= in questi giorni o nel prossimo futuro)
Penso che abbia già venduto la macchina. (= prima, nel passato)
Infine, se vi viene richiesto, specificate che a volte dopo il verbo *pensare/credere* il *che* della proposizione oggettiva che segue – così come nel dialogo "Penso (che) l'abbia usata solo per ..." – può essere omesso.

Soluzione del primo compito: *a. perché la sua si rompe spesso; b. è una 600 quasi nuova e ha l'aria condizionata e la radio; c. perché non ha molti soldi*

Soluzione del secondo compito: *Può darsi che (abbia venduta); Penso che (abbia usata); l'importante è che (costi); ho paura che (faccia)*

3

Soluzione del terzo compito: Opinione/supposizione: *penso che;* Sentimento: *ho paura che;* Espressioni impersonali: *può darsi che; l'importante è che*

5 Credo che l'abbia usata poco!

Obiettivo: Fissare l'uso del congiuntivo passato.
Procedimento: Seguite le istruzioni del manuale. Prima di far svolgere l'attività spiegate il lessico nuovo *(far benzina, lasciarsi, stare insieme).*

Soluzione: *1. d. siano usciti con i loro amici; 2. f. l'abbia fatta tuo padre; 3. e. sia arrivato già/sia già arrivato a casa; 4. a. l'abbia comprata nella nuova boutique; 5. c. si siano lasciati un mese fa; 6. b. abbiano cambiato casa*

6 Può darsi che ...

Obiettivo: Fissare la concordanza dei tempi (congiuntivo presente o passato?).
Procedimento: Seguite le istruzioni del manuale. Prima di far svolgere l'attività spiegate il lessico nuovo *(avvertire, silenzioso, partire).*

7 Spendere ...

Obiettivo: Introduzione del lessico riguardante i beni di consumo.
Procedimento: Seguite le istruzioni del manuale. Prima di far svolgere l'attività spiegate il lessico nuovo *(beni di consumo, cosmetico, trucco, profumo, spesa, graduatoria).*

8 Il dottor Niù

Grammatica: La particella *ri-*; il pronome *ci* in sostituzione di "con qualcuno, con qualcosa".
Procedimento: Seguite il procedimento presentato nella prima lezione, punto 6, procedendo per gradi. Nella prima fase gli studenti si limiteranno a rispondere alle domande. Dopo un'ulteriore lettura svolgeranno l'esercizio lessicale e solo per ultimo faranno la produzione orale libera. Fra la seconda e la terza fase riandrete alla pagina scritta per spiegare i vocaboli che ritenete più utili, se possibile sempre in italiano (es. *videogiocomane è una scherzosa definizione di una*

persona con la mania dei videogiochi). Fate notare quel "ci telefono benissimo" che, come evidenziato nel riquadro, sostituisce "col tele-fonino". Precisate che il *ci* in sostituzione di "con qualcuno" è un uso più della lingua parlata che di quella scritta, in cui si preferisce la forma "con lui/lei ecc.". Infine potete richiedere gli altri significati del *ci* già studiati *(a noi, sostituzione di un luogo, sostituzione di complementi introdotti dalla preposizione a)*. Passate all'altro riquadro facendovi spiegare la funzione della sillaba *ri-* davanti a un verbo e ponendo domande tipo *Come si dice leggere di nuovo, ascoltare di nuovo, vedere di nuovo, ecc.?* Chiedete, infine, se secondo loro tutti i verbi che iniziano con *ri-* hanno tale significato iterativo (No, ad es. *ripetere*, cfr. anche es. 6, p. 132).

Soluzione del primo compito: *Il dottor Niù convince l'altro a comprare una nuova macchina (perché la vecchia è un modello superato e ridicolo, non ha il navigatore satellitare, i vetri bruniti, ecc.; inoltre la macchina non è fatta per funzionare, ma unicamente per essere esibita); un'edera "modificata" (perché strangola i ladri); la playstation 2 (perché ci si può giocare a Pokèmon, vedere i film in DVD e ascoltare musica); una nuova porta ed un nuovo sistema d'allarme.*

Soluzione del secondo compito: *tipo, persona = tizio; (capelli) tagliati cortissimi = rasati; gentilezza = garbo; (modello) vecchio, fuori moda = superato; il giorno dopo = l'indomani; persona appassionata di cinema = cinefila; togliere (violentemente) di mano = strappare; cambiato = mutato; agenda con i numeri di telefono = rubrica*

3

9 Riflettiamo

Grammatica: Introduzione del futuro anteriore.
Procedimento: Spiegate che *futuro anteriore* è il nome di un nuovo tempo, quello che appare nell'esempio. Fate svolgere la prima fase dell'esercizio e dopo la verifica la seconda parte, precisando di osservare anche il riquadro di p. 38. Se pensate che l'uso di questo tempo crei ancora difficoltà scrivete alla lavagna il seguente esempio:

Quando avrò finito la scuola,	andrò in vacanza.
(prima)	(dopo)
(futuro anteriore)	(futuro semplice)

Soluzione del primo compito: *avrà mandato; avrà riempito; avrà comprato; avrà giocato*

Soluzione del secondo compito: *Si forma con il futuro semplice di* essere/avere + *participio passato del verbo; si usa per esprimere l'azione che avviene prima, fra due azioni future. Normalmente si usa dopo espressioni come* quando, appena, (solo) dopo che.

10 Un po' di fantasia ...

Procedimento: Seguite le istruzioni del manuale. Verificate poi in plenum.

11 Stregati dalla pubblicità ...

Procedimento: Spiegate il titolo e seguite poi le istruzioni del manuale.

Soluzione: *La prima foto si riferisce a una pubblicità della ditta Berloni S.p.A., cucine - giornonotte - imbottiti. Il nome della campagna è "Dedicato a chi è sempre in ritardo".*
La seconda foto è una pubblicità per viaggi organizzati, una promozione di Alpitour e Francorosso per coppie con bambini.
La terza foto è una pubblicità della Preca Brummel S.p.A., abbigliamento per bambini.

Proposta supplementare: Molteplici e interessanti sono tutte le attività riguardanti i messaggi pubblicitari che presentano il vantaggio della facile reperibilità e della possibilità di sollecitazione di tutte le abilità linguistiche. Analizzando una pubblicità potete

- far ricercare agli studenti il "plus" (ciò che quel determinato prodotto ha in più), il "benefit" (gli effetti positivi che quel prodotto avrà sul consumatore), la "promessa" (esplicita, ma più frequentemente implicita) che fa leva sui desideri e sui bisogni del consumatore;

- far fare un'analisi del registro fotografico (= descrizione) e di quello criptografico (= le scritte) (*Quale rapporto c'è fra fotografia e slogan? Chi è il destinatario? ecc.*);

- un'accurata analisi del linguaggio (moltissime sono le figure retoriche – soprattutto similitudini, metafore e iperboli presenti in un messaggio pubblicitario);

- far fare una produzione (*inventate uno slogan per ...*).

3

12 Il linguaggio della pubblicità

Procedimento: Spiegate solo qualche parola-chiave, senza cui l'attività risulterebbe troppo complicata *(assicurazione, margarina, gustare, puro)*, spiegate che il linguaggio usato non è quello "comune", facendo l'esempio di *comodoso = comodo*, poi seguite le istruzioni del manuale. Una volta verificata la correttezza degli abbinamenti, potete tornare ai messaggi per un'analisi più accurata del linguaggio. Chiedete come si direbbe normalmente *sciccosa* (chic), *risparmiosa* (costa poco), *scattosa* (veloce, che ha scatto) e quali sono i giochi di parole *(prendere il volo* = andarsene; *assicurare* nel duplice senso di *giurare* e di *assicurazione; tirar su* = dare energia).

Soluzione: *1. margarina (Foglia d'oro); 2. un pollo (Bon Roll Aia); 3. dei gioielli (Utopia, oro e perle Keshi); 4. un'automobile (Uno Fiat); 5. un'assicurazione sulla vita (Lloyd Adriatico); 6. uno zaino (borse e zaini LeSportsac); 7. una penna (BRIOline); 8. una marca di maionese (Kraft); 9. marca di caffè (Lavazza); 10. un'acqua minerale (Lievissima)*

13 Un reclamo

Obiettivo: Introduzione delle locuzioni per *protestare/reclamare/giustificarsi.*

Procedimento: Seguite il procedimento presentato nella prima lezione, punto 15, procedendo per gradi. In un primo momento fate rispondere unicamente alle domande del questionario. In seguito, e dopo ulteriori ascolti, fate ricercare le espressioni usate.

Trascrizione del dialogo:

■ *Onlinebook buonasera!*

▲ *Buonasera. Senta, io avrei un problema.*

■ *Sì, mi dica.*

▲ *Ehm, niente. Io ho acquistato un libro un po' di tempo fa e … ma non mi è ancora arrivato.*

■ *Attenda in linea che Le passo il reparto spedizioni.*

(…)

● *Spedizioni buonasera.*

▲ *Eh, buonasera, senta, io avrei un problema.*

● *Sì, mi dica.*

▲ *Alcune settimane fa ho acquistato un libro che mi serviva abbastanza urgentemente. Niente, volevo sapere che fine ha fatto perché non è ancora arrivato!*

● *Un paio di settimane fa, ha detto?*

▲ *Sì, esatto.*

● *Strano, perché i libri vengono consegnati entro tre giorni di solito.*

▲ *Eh, già, appunto!*

● *Hm, Lei si ricorda quando l'ha ordinato esattamente?*

▲ *Sì, me lo ricordo benissimo. L'ho ordinato il 12 agosto. Insomma, oggi è il 29!*

● *Eh sì, ma sa in agosto tanto personale è in vacanza.*

▲ *No, io però questo non lo sapevo!*

● *Sì, però sa, in agosto è sempre così ...*

▲ *Beh, scusi, allora quale sarebbe il vantaggio di ordinare in Internet? Mah, se l'avessi saputo che avrei dovuto aspettare tutto questo tempo sarei andato a comprarlo in libreria!*

● *No, chiaro, Lei ha ragione. Ma aspetti che controllo l'ordine del computer. Com'è il Suo nome?*

▲ *Alinari Massimo.*

● *Alimari?*

▲ *No! A-li-na-ri. Enne, enne, enne come Napoli.*

● *Alinari Massimo, sì, è vero, in data 12 agosto ha ordinato un catalogo dell'Electa.*

▲ *Esattamente.*

● *Sì, però non capisco perché non Le sia ancora arrivato. Le ripeto per sicurezza l'indirizzo, forse è sbagliato.*

▲ *Beh, credo di sapere ancora dove abito!*

● *Sì, ma sa a volte il computer ... Si scrive un numero per un altro ... Allora, via Costantino Beltrami 3.*

▲ *3 a.*

● *Qui vedo solo il numero 3.*

▲ *Sì, guardi, ma non credo che sia questo il problema, perché il 3 non esiste, esiste solo un 3 a.*

● *Ehm, senta, nel Suo stabile c'è un portiere?*

▲ *No, ma avevo scritto apposta di lasciare il pacco dal fornaio accanto al portone nel caso che fossi ... che fossi uscito, ecco!*

- E allora è proprio strano, guardi!
- ▲ Eh, sì, è proprio strano! Per fortuna che non ho pagato con la carta di credito, altrimenti avrei pagato inutilmente! Giuro che è l'ultima volta che ordino qualcosa in Internet!
- Beh, comunque, guardi, è la prima volta che succede una cosa del genere. Capisco se Lei vuole annullare l'ordine, ma insomma ... Se vuole possiamo fare così, Lei lo riconferma e io Le assicuro che il libro Le arriva entro dopodomani.
- ▲ Hmmm ...
- E come risarcimento Le spediamo un libro che potrà scegliere nel nostro catalogo in Internet.
- ▲ Hm. D'accordo allora, ma solo se Lei mi assicura che il libro che avevo ordinato arriverà veramente entro dopodomani.
- Sì, Le do la mia parola.
- ▲ Va bene allora.
- Bene. Questa volta preferisce pagare con la carta di credito o in contrassegno?
- ▲ No, no, in contrassegno.
- Perfetto.
- ▲ Allora confermo l'ordine, sperando che questa volta funzioni!
- Sì, sì, non si preoccupi. E ci scusi tanto, sa. Non capisco proprio cosa sia successo!

Soluzione del primo compito: *1.c.; 2.a.; 3.b.; 4.a.; 5.b.; 6.c.*

Soluzione del secondo compito: protestare/reclamare: *Senta, io avrei un problema; Per fortuna che…; Eh, no, io però questo non lo sapevo!; Giuro che è l'ultima volta che …* scusarsi/giustificarsi: *Lei ha ragione, ma …; È la prima volta che succede una cosa del genere; Eh, sì, ma sa …; E allora è proprio strano; Ci scusi tanto. Non capisco proprio come sia successo.*

14 Una telefonata

Procedimento: Seguite le istruzioni del manuale.

A questo punto potete svolgere il **Qualcosa in più** di pp. 108-109. (cfr. *Guida* p. 115).

Parole, parole, parole ...

Tema: I mezzi di comunicazione.

Obiettivi: Criticare il comportamento altrui; motivare qualcosa; annunciarsi al telefono, chiedere di qualcuno e reagire; lasciare/registrare un messaggio; offrire aiuto; riferire quanto ascoltato.

Espressioni utili/lessico: *Parli come se ...* (+ congiuntivo). *Prima di tutto ... e poi ... Io odio ...* (+ infinito). *Beh, dai, non è che ...* (+ congiuntivo)! *Pronto? Mi chiamo ... / Buongiorno, senta, sono ... Potrei parlare con ...? / C'è ... per favore? Chi lo/la desidera, scusi? Devo dirgli/dirle qualcosa? Vuole lasciare un messaggio? Mi spiace, sta parlando sull'altra linea. / Spiacente, al momento è occupato. Guardi che ha sbagliato numero!*

Grammatica: Il congiuntivo imperfetto; la concordanza dei tempi al congiuntivo (II); *come se* + congiuntivo imperfetto; il discorso indiretto retto da un verbo al presente (I).

4

1 Comunicare

Obiettivo: Introdurre il tema dell'unità: i media.
Procedimento: Procedete per gradi. Fate prima svolgere singolarmente o a coppie la prima parte dell'attività la cui soluzione non dovrebbe creare difficoltà, visto che il lessico è noto. Per la seconda (produzione libera) e terza parte seguite le istruzioni del manuale. Prima di far svolgere quest'ultima, verificate che venga letta correttamente la sigla SMS (esse-emme-esse). Alla fine dell'esercizio, se volete, potete riportare la discussione in plenum ponendo agli allievi qualche domanda (*Chi di voi usa molto spesso il telefono? Chi non usa mai gli SMS / il fax / il cellulare?*) o, meglio ancora, facendo fare loro una breve "statistica": Un paio di "giornalisti" fanno le domande ai compagni e ne trascrivono alla lavagna le risposte. Se in classe avete, poi, uno studente portato per il disegno, al termine dell'intervista questi traccerà un grafico dei mezzi di comunicazione usati nella classe.

Soluzione: *foto in alto a sinistra: una persona ascolta un messaggio sulla segreteria telefonica; foto in alto a destra: una scrive una lettera; foto al centro: una spedisce un fax; 2ª foto a sinistra: una scrive un SMS;*

*2ª foto a destra: una telefona con il cellulare; foto in basso: una scrive una
e-mail al computer.*

2 Media e testi

Obiettivo: Far riflettere sul "linguaggio" dei diversi tipi di comunicazione.

Procedimento: Prima di seguire le istruzioni del manuale, fate leggere
ad alta voce la frase b. Probabilmente nessuno studente sarà in grado
di leggere correttamente quel "Xciò". Scrivete, allora, alla lavagna
"Xché" e chiedete alla classe di che parola si potrebbe trattare. Se
arriverà la risposta esatta (*perché*), chiedete quale possa essere la parola
corrispondente a "Xciò" (leggi: *perciò*). Spiegate che si tratta di un'abbreviazione tipica del linguaggio giovanile (e degli SMS, ma non
ditelo ancora alla classe che dovrà scoprirlo nel corso dell'esercizio)
che tende alla sintesi e a "risparmiare", quindi, il più possibile il
numero di lettere e/o parole. Al termine della seconda parte dell'attività, se volete potete riportare in plenum la discussione, chiedendo
agli allievi come siano arrivati alla soluzione, quali elementi, cioè, li
abbiano indotti ad abbinare un certo messaggio ad un tipo di media.
(Linguaggio formale la lettera, informale la e-mail, così come l'SMS
ancor più "striminzito", privo di articoli e verbi, "parlato" telefono e
cellulare, in genere con un messaggio più breve il secondo, per motivi
economici).

Soluzione: *e. telefono; c. e-mail; b. SMS; a. cellulare; d. lettera*

**Proposta supplementare per gli insegnanti che lavorano con un
pubblico (molto) giovane:**

A coppie o in piccoli gruppi gli studenti scriveranno degli SMS.
Lasciateli liberi di lavorare con fantasia, permettendo cioè loro di
"inventare" anche parole inesistenti tipo "Xciò" (che abbiano
comunque una loro logica).

3 Un mondo che si parla per e-mail

Procedimento: Seguite il procedimento presentato nella prima lezione, punto 6, lavorando per gradi. La lettura contiene un notevole
numero di vocaboli nuovi, ma gli studenti, che già conoscono la
metodologia di *Espresso*, sanno di doversi limitare al compito proposto (qui l'abbinamento titoli-paragrafi).

Prima di passare alla seconda parte dell'attività, che implica un tipo di lettura selettiva, fate rileggere il brano. Per quanto riguarda la terza parte, secondo noi l'articolo ha un tono preoccupato/neutro. Una volta completata l'attività, fate leggere il riquadro in alto a destra e fate riflettere sulla nuova struttura. Scrivete alla lavagna *È sufficiente ..., era sufficiente ..., è stato sufficiente ..., sarà sufficiente ...*, fate completare con un verbo (all'infinito senza preposizione) e in seguito sostituire con il verbo *bastare*.

Soluzione del primo compito: *a. 3; b. 1; c. 4; d. 2; e. 6; f. 5*

Soluzione del secondo compito: *10 miliardi; mezzo miliardo; 150 milioni; 35 miliardi (al giorno); 16 milioni; il 90 %*

Soluzione del terzo compito: *preoccupato (paragrafi 3 e 4), neutro per il resto dell'articolo*

4 E tu?

Grammatica: Introduzione dell'imperfetto congiuntivo (forme e uso) dei verbi regolari e di alcuni irregolari.
Procedimento: Seguite le istruzioni del manuale per quanto concerne la produzione libera orale. Una volta ultimata questa, fate riflettere sul riquadro, spiegando che quel *saturasse/arrivassi* è un tempo nuovo. Chiedete di quale modo possa trattarsi. Probabilmente qualcuno dirà "il congiuntivo" visto che già in **Espresso 2** viene messa in evidenza la struttura *Penso, credo che* + congiuntivo. Se a ogni modo nessuno dovesse rispondere, ricordate voi quella struttura chiedendo da quale modo erano seguiti i verbi *pensare, credere, supporre* (analoghi a *temere, avere paura*). Spiegate che questo nuovo tempo è un imperfetto. Mostratene le forme che appaiono nel primo riquadro a sinistra di p. 46, chiedendo se notano delle particolarità (le prime due persone singolari sono sempre identiche), fate leggere i verbi per verificare che venga accentata in modo corretto la sillaba tonica e fate coniugare altri verbi regolari (*arrivare, studiare, vedere, dormire*). Passate ora al riquadro di destra, facendo riflettere su *fare*. Chiedete se l'irregolarità di questo verbo ricorda loro qualcosa (quella dell'imperfetto indicativo, *facevo*). Stimolate ora gli studenti, dicendo che a questo punto sono certo in grado di coniugare all'imperfetto congiuntivo quasi tutti i verbi irregolari di cui conoscono l'imperfetto indicativo *(bere-bevevo-bevessi; dire-dicevo-dicessi; fare-facevo-facessi; tradurre-traducevo-traducessi)*. Non accennate per ora

ad altri verbi, tipo *stare* (che apparirà al punto 6) o *dare* che farete studiare al termine della lezione (cfr. Grammatica, p. 204).
Tornate ora al riquadro di p. 45. Si tratta adesso di capire l'uso dell'imperfetto congiuntivo.
Scrivete alla lavagna: *Penso/temo/ho paura che lui esca.* E sotto *Pensavo/temevo/avevo paura che lui* ... e fate completare la frase.
Chiedete poi quando si usa il presente (se il tempo della principale è un presente e c'è contemporaneità d'azione con la secondaria) e quando l'imperfetto congiuntivo (se il tempo della principale è al passato e c'è contemporaneità d'azione con la secondaria). La struttura verrà ulteriormente fissata nell'attività 5.

5 Chi lo dice?

Procedimento: Seguite le istruzioni del manuale.

Soluzione: *a. (tu) non arrivassi più; b. ti piacessero i libri gialli; c. (tu) parlassi/(lei) parlasse il giapponese; d. (tu) dormissi già; e. (tu) sapessi cucinare così bene; f. (tu) non chiamassi più*

6 Risponde il numero ...

Grammatica: L'imperfetto congiuntivo di *stare*.
Procedimento: Prima di seguire il procedimento presentato nella prima lezione, punto 2, fate leggere il titolo e chiedete che tipo di dialogo seguirà (una telefonata). Prima fate rispondere unicamente alle due domande poste. Al momento, poi, di ritornare alla pagina scritta per la consueta analisi lessicale, chiedete il significato del lessico nuovo, ma comprensibile *(segreteria telefonica, segnale acustico)*, spiegate che *ce l'ha chiunque* è sinonimo di *ce l'hanno tutti*. Per quanto riguarda le spiegazioni grammaticali, mostrate il riquadro, poi fate sottolineare nel dialogo gli imperfetti congiuntivi *(ci fosse, sapessi)* chiedendo da cosa ne dipende qui l'uso (congiunzione *come se*).
Se lo ritenete utile, fate seguire un'eventuale drammatizzazione del dialogo ad alta voce, qui particolarmente interessante per l'intonazione: quella neutra della segreteria e quelle vivaci delle due amiche (una piuttosto ironica, l'altra sulla difensiva).

Soluzione: *a. Perché non le va l'idea di parlare con "una macchina"; b. Innanzitutto che urla (come se dall'altra parte ci fosse un sordo o uno che non capisce niente), poi che parla in modo strano e che alla segreteria dovrebbe essersi abituata (visto che ormai ce l'hanno tutti).*

7 Come se ...

Obiettivo: Esercitare *come se* + congiuntivo.

Procedimento: Prima di seguire le istruzioni del manuale, spiegate il nuovo lessico (*mille volte, fare come se, abbracciarsi, tenersi per mano*).

Soluzione: *1. d. fosse; 2. g. capissi; 3. e. aveste; 4. a. fossi; 5. f. fossimo; 6. c. stessero; 7. b. volesse*

8 Completate

Procedimento: Prima di seguire le istruzioni del manuale, spiegate il significato di *neve*.

9 Driiiiin!

Procedimento: Seguite il procedimento presentato nella prima lezione, punto 15, affrontando il dialogo per gradi: prima fate risolvere il primo compito e solo dopo ulteriori ascolti, il secondo.

Trascrizione dei dialoghi:

1.

◆ *Arcolinea, buonasera.*

■ *Buonasera. Senta, potrei parlare con il dottor Moretti?*

◆ *Chi lo desidera?*

■ *Sono l'ingegner Scialanga.*

◆ *Ingegnere, il dottore in questo momento è occupato. Vuole lasciare un messaggio?*

■ *Hm, sì, senta, gli dica per favore che io purtroppo non mi sento molto bene e che quindi non posso giocare a tennis con lui stasera. Comunque, se vuole può chiamarmi.*

◆ *Sì. Il numero ce l'ha?*

■ *Sì, credo di sì, ma ... ma glielo ridò per sicurezza. Le do quello di casa. Allora dunque, 068565789.*

◆ *Allora, 068565789.*

■ *Sì, perfetto. Bene, allora grazie. Buonasera.*

◆ *Buonasera.*

2.

◆ *Pronto?*

■ *Ciao, Flavia, sono Alessandro. C'è Piero, per favore?*

◆ *Sì, ma sta parlando sull'altra linea. Vuoi che ti faccia richiamare?*

■ *No, non importa, riprovo io tra una mezz'oretta.*

◆ *Ah, OK, d'accordo. Ciao.*

■ *Ciao.*

3.

◆ *Pronto?*

■ *Pronto, sono Tonino. C'è Elena, per favore?*

◆ *No, veramente non è ancora tornata.*

■ *Sai quando torna?*

◆ *No, veramente no. Devo dirle qualcosa?*

■ *Sì, senti, puoi dirle che io e Paola stasera andiamo da Federica e che se vuole venire con noi deve richiamare entro le 7.00?*

◆ *Sì, va bene, glielo dico.*

■ *Grazie, ciao.*

◆ *Ciao, Tonino.*

4

4.

◆ *Pronto?*

■ *Hm, pronto? C'è Barbara?*

◆ *Barbara? Guardi che ha sbagliato numero, eh!*

■ *Ah, mi scusi.*

5.

◆ *Pronto?*

■ *Eh, pronto, buongiorno, sono il dottor Borgelli. Potrei parlare con la signora Nardini?*

◆ *Sì, un attimo, gliela passo subito.*

6.

◆ *Pronto?*

■ *Carla, ciao. Senti, la mamma è già tornata?*

◆ *No, ha detto che oggi sarebbe tornata più tardi perché c'era il consiglio di classe.*

■ *Ah, sì, sì, è vero, già, me l'aveva detto. Senti, io stasera probabilmente farò tardi e comunque se posso la richiamo prima che inizi la riunione.*

◆ *Io però non lo so se la vedo, perché sto uscendo.*

■ *E allora scrivile un biglietto!*

◆ *Va bene, ciao.*

■ *Ciao.*

Soluzione del primo compito: *a. dialoghi 1, 2; b. dialoghi 3, 6; c. dialogo 4; d. dialoghi 2, 5; e. dialoghi 1, 3, 6; f. dialogo 1; g. dialogo 2*

Soluzione del secondo compito:
chiedere di una persona: *Senta, potrei parlare con…? / C'è …, per favore?*
presentarsi: *Sono …*
chiedere chi è che telefona: *Chi lo desidera?*
rispondere che la persona cercata non c'è: *In questo momento è occupato. / Sta parlando sull'altra linea. / Ha detto che sarebbe tornata più tardi.*
offrire di prendere un messaggio: *Vuole lasciare un messaggio? / Devo dirgli/dirle qualcosa?*
segnalare un errore: *Guardi che ha sbagliato numero.*
offrire aiuto: *Il numero ce l'ha? / Vuoi che ti faccia richiamare?*

10 Messaggi

Grammatica: Introduzione del discorso indiretto (tempo della principale al presente).
Procedimento: L'esercizio si compone di tre attività distinte. In un primo tempo fate solo leggere i messaggi, spiegando il significato di *fare tardi* e *riunione*. Dopo aver fatto riascoltare le telefonate e aver fatto rispondere singolarmente, verificate la soluzione in plenum. A questo punto fate leggere l'abbreviazione P.S. (*post scriptum*) del terzo messaggio. In un secondo tempo fate riascoltare il CD per

completare la colonna di sinistra con il discorso diretto. Passate ora all'ultima fase dell'attività: la riflessione sul discorso indiretto. I tempi non creeranno difficoltà, visto che sono identici. Sarà bene comunque insistere sul fatto che la frase principale del discorso indiretto è qui un presente (per la precisione si tratta di un passato prossimo, ma riferito a una brevissima distanza temporale, quindi con funzione di presente. Sarebbe bene far aggiungere per iscritto, accanto a quel *ha detto*, un *dice*). Questo per facilitare la futura acquisizione dei tempi del discorso indiretto retto da un passato. Fate dire, infine, agli studenti quali elementi subiscono una trasformazione nel passaggio discorso diretto-indiretto (i pronomi e in generale le persone dei verbi).

Soluzione del primo compito: *dialogo 1; dialogo 3; dialogo 6*

Soluzione del secondo compito: *mi sento, posso; Io, andiamo, (Elena) vuole venire, noi, deve; Io, farò, posso la richiamo*

Soluzione del terzo compito: *Differenze fra discorso diretto e indiretto: mi sento > si sente; posso > può; io > lui; andiamo > vanno; venire > andare; con noi > con loro; farò > farà; se posso la richiamo > se può ti richiama*

11 Ha telefonato ...

Obiettivo: Riutilizzo (per iscritto) del discorso indiretto.
Procedimento: Prima di seguire le istruzioni del manuale, fate fare agli studenti un primo ascolto della prima telefonata (2-3 volte) e fate seguire la lettura del primo biglietto, in modo da far capire cosa ci si aspetta. Fate ascoltare ora tutte le telefonate una volta. Spiegate poi che nel corso degli ascolti successivi potranno prendere dei brevi appunti. Prima di far svolgere l'esercizio – individualmente o in coppia – potete domandare quante persone ricevono una telefonata (*solo una: Marco*) e chiedere anche un breve contenuto dei vari dialoghi (in fondo l'obiettivo dell'attività è una produzione scritta ed è quindi meglio verificare che i contenuti su cui gli studenti dovranno lavorare siano chiari). Al termine tornate in plenum correggendo i messaggi scritti, che con ogni probabilità non si differenzieranno molto fra loro.

Trascrizione dei dialoghi:

a.

■ *Pronto?*

◆ *Ciao Marco, sono la mamma di Aldo.*

■ *Ah, salve signora. Come va?*

◆ *Bene, bene. Senti, c'è Aldo, per favore?*

■ *No, Aldo è fuori per il fine settimana, torna domenica sera.*

◆ *Ah! Non me l'aveva detto ...*

■ *Devo dirgli qualcosa?*

◆ *Eh sì, per favore. Digli che passo lunedì e che gli porto le camicie stirate.*

■ *Va bene.*

◆ *Ah, e digli di chiamarmi quando torna a casa.*

■ *D'accordo, signora, gli lascio un biglietto.*

◆ *Ciao, Marco. Grazie.*

■ *Di niente, signora. ArrivederLa.*

b.

■ *Pronto?*

◆ *Marco, ciao sono Francesca. C'è Miriam, per favore?*

■ *No, Miriam è fuori per il fine settimana.*

◆ *Ah, è vero me l'aveva detto! Va beh, senti, le puoi dire che mercoledì non posso accompagnarla dal medico?*

■ *Sì, certo.*

◆ *È perché ho un appuntamento importante.*

■ *Va bene, glielo dico.*

◆ *Non ti dimenticare, eh!*

■ *No, no, le scrivo subito un biglietto.*

◆ *Allora grazie. Ciao.*

■ *Ciao.*

c.

- *Pronto?*
- *Ettore?*
- *No, sono Marco!*
- *Ah, Marco, ciao sono Alberto. Senti, non c'è Ettore?*
- *No, è fuori per il fine settimana. Torna lunedì mattina.*
- *Ah, va bene, senti gli puoi dire una cosa?*
- *Sì, dimmi.*
- *Gli puoi dire che io e Pietro abbiamo prenotato il campo per giocare a calcio?*
- *Sì.*
- *Per giovedì sera alle nove.*
- *D'accordo, avete prenotato il campo per giovedì sera alle nove.*
- *Allora grazie. Ciao.*
- *Prego, ciao.*

d.

- *Pronto?*
- *Marco, ciao, sono Elena. C'è Miriam, per favore?*
- *No, non c'è.*
- *Sai quando la posso trovare?*
- *Ha detto che sarebbe tornata domenica sera.*
- *Hm, senti, le puoi dire che i biglietti per il teatro li ho presi io?*
- *Sì, va bene, glielo dico.*
- *Grazie, Marco, ciao.*
- *Ciao.*

4

Possibile soluzione: *b. Ha telefonato Francesca, dice / ha detto che mercoledì non può accompagnarti dal medico perché ha un appuntamento importante; c. Ha telefonato Alberto, dice / ha detto che lui e Pietro hanno prenotato il campo per giocare a calcio per giovedì sera alle nove; d. Ha telefonato Elena, dice / ha detto che i biglietti per il teatro li ha presi lei.*

12 Messaggi per la classe

Procedimento: Per questa produzione libera scritta seguita da una orale, seguite le istruzioni del manuale. Badate chiaramente di non consegnare il messaggio al destinatario, ma ad un terzo studente. Per la parte orale, spiegate agli studenti che dovranno iniziare dicendo *Ti ha scritto … e dice / ha detto che …*

Proposta supplementare: Se lo ritenete utile, potete far scrivere ora individualmente un messaggio (anonimo) rivolto all'insegnante. I biglietti verranno raccolti e in piccoli gruppi le varie frasi verranno trascritte su un foglio al discorso indiretto e appese poi alla parete. Nel frattempo voi scriverete alla lavagna questo inizio: *I miei studenti scrivono che io …* È ben vero che, dal punto di vista del discorso indiretto, probabilmente la maggior parte delle frasi conterrà un presente, ma questo è anche un modo per sapere cosa pensano di voi i vostri allievi, che consigli vi danno.

A questo punto potete svolgere il **Qualcosa in più** di p. 110. (cfr. **Guida p. 116**).

4

Invito alla lettura

Tema: La lettura.

Obiettivi: Informarsi su qualcosa; dare dei consigli; cambiare opinione; giudicare qualcosa; mostrare interesse; raccontare il contenuto di un libro.

Espressioni utili / lessico: *È bellissimo, a patto che (ti piacciano i gialli). È uno dei libri più interessanti che abbia mai letto. L'ultimo libro che ho letto tratta di … Ah, è un giallo? Credevo che parlasse di jazz. Il mio autore preferito / La mia autrice preferita è … Questo lo conosci? Sì, sì, ne ho sentito parlare. / No, mai sentito. Ah, quasi quasi lo regalo a … Di solito quando leggo sottolineo / leggo tutte le pagine / salto le parti non importanti. Che io sappia (non è ancora arrivato). Cosa vuoi che ne sappia?*

Grammatica: *A patto che/purché/a condizione che* + congiuntivo; il congiuntivo nelle frasi relative; il passivo (con *essere* e *venire*); *che io sappia.*

1 Leggere

Obiettivo: Introdurre la tematica dell'unità.
Procedimento: Prima di seguire le istruzioni del manuale, facendo completare il questionario individualmente, spiegate il nuovo lessico.

2 Di che parla?

Grammatica: Introduzione della frase condizionale introdotta dalle locuzioni congiuntive *a patto che/purché/a condizione che*.
Procedimento: Procedete per gradi. Per la prima fase dell'attività (lettura) seguite il procedimento presentato nella prima lezione, punto 6, dando come aiuto alcune parole-chiave (se possibile con sinonimi) come *assassino, assumere un'identità, vittima, cieco* per la prima recensione, *cadere, ambulanza, rimanere in attesa, camera operatoria* per la seconda, *travestimento* per la terza, *irresoluto, attrarre, scoccare una scintilla* per la quarta. Verificate la (non semplice) correttezza degli abbinamenti. Passate quindi alla seconda fase (ascolto), seguendo il procedimento presentato nella prima lezione, punto 2. Una volta controllata l'esattezza delle risposte, tornate al dialogo scritto per la consueta analisi, soffermandovi su quel *a patto che ti piacciano i*

gialli. Chiedete il significato della congiunzione (ha il significato di *se*, ma solo se esprime ipotesi possibili o irreali) e domandate quale modo verbale regga. Fate alcuni esempi iniziando voi le frasi e facendole completare con *a patto che*. Passate poi al riquadro che mostra chiaramente come *a patto che* possa essere sostituito da *purché* o da *a condizione che*. Non soffermatevi invece su quel *prima che* + congiuntivo che verrà trattato nella lezione 9. Per interrompere la sequenza delle spiegazioni grammaticali, passate a questo punto alla terza fase (produzione orale).

Soluzione del primo compito: *"Non ti muovere" (recensione in alto a destra: Una giornata di pioggia e ...); "Ti prendo e ti porto via" (recensione in basso a destra: Il mare c'è ma non si vede ...), "Almost blue" (recensione in alto a sinistra: Nessuno vuole ammetterlo ma a Bologna ...).*

Soluzione del secondo compito: *La donna che chiede consiglio pensa di regalare un romanzo poliziesco al padre (Almost blue), compra un romanzo d'amore per sé (Non ti muovere), vorrebbe leggere un libro di letteratura italiana. L'amica le consiglia un libro che è in parte comico e (allo stesso tempo) molto triste (Ti prendo e ti porto via).*

5

3 È il più bello che ...

Grammatica: Introduzione delle frasi relative con il congiuntivo (primo uso).
Procedimento: Prima di seguire le istruzioni del manuale, dite di guardare il riquadro a fondo pagina e chiedete quale modo/tempo è quell'*abbia letto*. Scrivete alcuni altri esempi come *È la città più interessante che abbia mai visitato; è una delle persone più simpatiche che abbia mai conosciuto*, ecc. e chiedete da cosa dipende l'uso del congiuntivo (dipende dal superlativo relativo contenuto nella principale). Sottolineate l'uso del *mai* fra ausiliare e participio passato. Se ritenete importante la nuova struttura, l'esercizio può essere svolto in forma scritta.

Proposta supplementare: Se volete aggiungere il passo della riattivazione interattiva, fate svolgere questa attività. In piccoli gruppi gli studenti scrivono una frase contenente la struttura appena appresa (es.*"Parla con lei" è il film più bello che Almodovar abbia mai girato*). Agli altri viene detto solo il tema (film). I vari gruppi devono porre delle domande (*È di un regista europeo? Sì. È di un regista francese? No.*) cercando di indovinare la frase esatta scritta dai compagni.

Roberto Benigni, attore e regista cinematografico, è nato a Misericordia, in provincia di Arezzo, il 27 ottobre del 1952. A vent'anni si trasferisce a Roma dove debutta in teatro. Nel 1978 partecipa al programma di Renzo Arbore "L'altra domenica" e nel 1980 presenta il Festival di San Remo e recita nel film di Arbore "Il Pap'occhio". Nel 1983 dirige il suo primo film "Tu mi turbi" (co-regista Bertolucci) e l'anno successivo "Non ci resta che piangere" (co-regista M. Troisi). Da qui iniziano i suoi grandi successi cinematografici come attore-regista. Nel 1999 vince l'Oscar con il film "La vita è bella".

4 Credevo che …

Obiettivo: Riprendere l'uso del congiuntivo imperfetto (della lezione 4).
Procedimento: Prima di seguire le istruzioni del manuale, spiegate il lessico nuovo. Dopo la verifica gli studenti che avranno dato delle risposte errate, dovranno correggerle per iscritto aiutandosi con la frase data a modello *(Credevamo che …)*.

Soluzione: *56 milioni; di Palermo; il 19 marzo; 20; con lo zafferano; De Sica; un motociclista; un giallo (di Andrea Camilleri); in Sardegna*

5

 Federico Fellini (Rimini, 20 gennaio 1920 – Roma, 31 ottobre 1993) regista, sceneggiatore, attore e caricaturista. Nel 1939 si trasferisce a Roma dove per mantenersi disegna vignette per i periodici. Nello stesso anno comincia a scrivere copioni per la radio e a lavorare per il cinema. Nel 1943 conosce Giulietta Masina e nell'ottobre dello stesso anno i due si sposano. Insieme ad altri nomi illustri scrive le sceneggiature di alcuni capolavori del neorealismo. In collaborazione con Lattuada esordisce alla regia con *Luci del varietà* (1951). *I vitelloni* (1953) è il film che lo rende famoso fuori dall'Italia. Tra i suoi film più famosi ricordiamo: *La strada*, premio Oscar 1954, *Le notti di Cabiria*, premio Oscar 1957, *8 ½*, premio Oscar 1963 e *Amarcord*, premio Oscar 1973. L'ultimo suo film è *La voce della luna* (1990). Qualche mese prima di morire, Fellini riceve il suo quinto Oscar alla carriera.

Bernardo Bertolucci nasce a Parma nel 1941, lavora come assistente di Pier Paolo Pasolini nel film *Accattone* del 1961. Esordisce nella regia nel 1962 con *La commare secca*. Raggiunge il successo a livello internazionale nel 1972 con *L'ultimo tango a Parigi*. Tra le sue opere ricordiamo: *Novecento* (1975-76), *L'ultimo imperatore* (1987), *Il tè nel deserto* (1990).

Vittorio De Sica (1901–1974) comincia a lavorare come attore teatrale nel 1923. La sua passione è però il cinema dove debutta con il film di Camerini *Gli uomini che mascalzoni* (1932). Esordisce nella regia nel 1940. Tra i suoi film più famosi ricordiamo *Sciuscià* (1946), *Ladri di biciclette* (1948), *La ciociara* (1960), *Ieri, oggi e domani* che gli vale l'Oscar nel 1963, *Matrimonio all'italiana* (1964) e *Il giardino dei Finzi-Contini* che vince l'Oscar nel 1972.

Andrea Camilleri è nato a Porto Empedocle (Agrigento) il 6 settembre 1925 e vive da anni a Roma. Regista, autore di teatro e televisivo, ha scritto saggi sullo spettacolo e pubblicato racconti e poesie. Nel 1978 esordisce nella narrativa. Nel 1980 esce *Un filo di fumo*, primo di una serie di romanzi ambientati nell'immaginaria città siciliana di Vigata. Oltre ai romanzi ambientati nella Vigata di un tempo, ci sono i gialli della Vigata odierna, il cui protagonista è il Commissario Montalbano.

Max Biaggi è nato a Roma nel 1971, è pilota di moto GP, corre dal 1991. Ha già vinto diversi GP e 4 titoli mondiali.

5 Vorrei regalare un libro

Procedimento: Seguite le istruzioni del manuale.

6 Per una biblioteca globale

Procedimento: Leggete quanto scritto nelle (prime) istruzioni, seguite poi il procedimento presentato nella prima lezione, punto 6. Fate abbinare i paragrafi e controllate. Fate infine svolgere l'attività lessicale. Quando tornerete all'analisi del testo potete far notare come il numerale collettivo "un centinaio di" (pl. centinaia, cfr. paragrafo 5) regga qua un verbo al plurale (*ci sono*), mentre "un 10%" nel medesimo paragrafo ne regge uno al singolare (*viene trovato*). Spiegate che in questi casi esistono due possibilità: una concordanza grammaticale con *centinaio, un 10%* e simili che sono singolari e una logica (sia *il centinaio* che *il 10%* sono più di un'unità) e che quindi andrebbe bene sia il verbo al singolare che al plurale. Non soffermatevi a spiegare quel "il cui obiettivo" del paragrafo 2 che verrà trattato nella lezione 10. Se lo ritenete utile potete invece far rilevare quel "semplice libro" del paragrafo 2 chiedendo la posizione degli aggettivi (argomento in parte già trattato in *Espresso 1*,

p. 172 e in *Espresso 2*, p. 192) e precisando che alcuni aggettivi possono stare sia prima che dopo il sostantivo, il che implica però un cambiamento di significato.

Qui di seguito i più noti che potrete fotocopiare:

un'**amara** esperienza	un caffè amaro (senza zucchero)
un **brav'**uomo (onesto)	un uomo bravo (abile, capace)
una **certa** notizia (imprecisa)	una notizia certa (sicura)
un **curioso** tipo (strano)	un tipo curioso (che vuole sapere tutto degli altri)
diversi problemi (molti, vari)	problemi diversi (differenti)
una **dolce** amica (cara)	un caffè dolce (con zucchero)
una **magra** consolazione (inadeguata)	un corpo magro (esile, sottile)
numerose persone (molte)	una famiglia numerosa (con tanti figli)
una **nuova** macchina (ancora un'altra)	una macchina nuova (appena comprata, mai usata)
una **povera** ragazza (sfortunata)	una ragazza povera (senza mezzi economici)
qualunque persona (qualsiasi, ogni)	una persona qualunque (banale)
è una **semplice** domanda (è solo una domanda)	una domanda semplice (facile)
una **sola** persona (solo una)	una persona sola (senza compagnia)
un'**unica** persona (solo una)	una persona unica (speciale)
una **vera** amica (su cui si può contare)	un'affermazione vera (esatta)

5

Si propone infine di leggere in classe l'*Infobox* di p. 148 e di far fare una discussione libera in piccoli gruppi: *E da voi esiste un fenomeno analogo a quello descritto nella lettura?*

Soluzione del primo compito: *5.a; 1.b; 4.c; 3.d; 2.e*

Soluzione del secondo compito: *non casuale; accuratamente, obiettivo; visceralmente; tenere sott'occhio; globo*

7 Il passivo

Grammatica: Il passivo con *essere* e *avere*.
Procedimento: Seguite le istruzioni del manuale e solo al termine dell'attività, dopo la verifica, chiedete quali verbi possono avere un passivo (quelli transitivi) e sistematizzate la regola analizzando la tabella di p. 211 e facendo coniugare altri verbi.

Soluzione del primo compito:

forma passiva	tempo	ausiliare	verbo principale	
sono stati sparsi	*passato prossimo*	*essere*	*spargere*	(titolo)
sono stato perduto	*passato prossimo*	*essere*	*perdere*	(paragrafo 2)
viene assegnato	*presente*	*venire*	*assegnare*	(paragrafo 4)
essere stampata / attaccata	*infinito*	*essere*	*stampare / attaccare*	(paragrafo 4)
è stato lasciato	*passato prossimo*	*essere*	*lasciare*	(paragrafo 5)
viene trovato	*presente*	*venire*	*trovare*	(paragrafo 5)

Soluzione del secondo compito: *Il passivo si forma con l'ausiliare* essere *seguito dal participio passato del verbo principale. Nei tempi semplici (presente, imperfetto, passato remoto, futuro semplice)* essere *può essere sostituito dal verbo* venire.

8 Notizie, notizie ...

Obiettivo: Fissaggio del passivo.
Procedimento: Seguite le istruzioni del manuale precisando che, ove possibile, vengano usati tutti e due gli ausiliari e spiegando/facendo spiegare il lessico nuovo.

9 W i libri!

Procedimento: Prima di seguire le istruzioni del manuale, spiegate il titolo. W è l'abbreviazione di (ev)viva! Le proposte verranno trascritte su un foglio/cartellone intitolato appunto "W i libri!" che verrà appeso alla parete.

10 Raccontami qualcosa ...

Procedimento: Lavorate per gradi. Innanzitutto leggete le istruzioni e fate fare la discussione. Seguite poi il procedimento presentato nella prima lezione, punto 15. Spiegate il lessico della prima parte dell'attività e fate ascoltare una prima volta chiedendo agli studenti di concentrarsi solo sull'individuazione dei personaggi/luoghi/cose. A questo punto potete introdurre una fase di produzione orale in plenum, chiedete agli studenti quali sono i personaggi che preferivano/preferiscono, perché, se gli vengono in mente altri oggetti/personaggi tipici delle fiabe. Passate quindi alla seconda parte, spiegate il lessico nuovo e fate svolgere il compito. Per questa fase dovrebbero bastare due ascolti con relativa socializzazione.

Solo dopo la verifica di quest'ultima parte, procedete alla produzione libera, prima facendo raccontare la fiaba per vedere se è stata capita e poi facendone una drammatizzazione, particolarmente interessante qui per l'intonazione della voce, il volume, il ritmo, le pause, la gestualità ed il numero di personaggi (8: narratore, primo re, regina, altro re, ragazza mela, matrigna, servitore, zia fata).

Alla fine potete spiegare la differenza fra fiaba e favola, spesso confuse dagli stessi italiani. Ambedue hanno lo scopo di intrattenere l'ascoltatore/lettore, ma mentre la favola tradizionale è scritta, persegue una funzione educativa ed ha come protagonisti quasi sempre degli animali (che pure simboleggiano vizi e virtù tipicamente umani), la fiaba è un racconto fantastico di origine popolare pervenuta mediante una tradizione orale, non si prefigge alcun insegnamento morale e vi agiscono – come in questo caso – esseri soprannaturali come streghe, fate, orchi o gnomi.

Trascrizione della fiaba «La ragazza mela»:

*C'era una volta un Re e una Regina, disperati perché non avevano figlioli.
E la Regina diceva:*
– Perché non posso fare figli, così come il melo fa le mele?
*Ora successe che alla Regina invece di nascerle un figlio le nacque una
mela. Era una mela così bella e colorata come non se n'erano mai viste.
E il Re la mise in un vassoio d'oro sul suo terrazzo.*
*In faccia a questo Re ce ne stava un altro, e quest'altro Re, un giorno che
stava affacciato alla finestra, vide sul terrazzo del Re di fronte una bella
ragazza bianca e rossa come una mela che si lavava e pettinava al sole.
Lui rimase a guardare a bocca aperta, perché mai aveva visto una ragaz-
za così bella. Ma la ragazza appena s'accorse d'esser guardata, corse al
vassoio, entrò nella mela e sparì. Il Re ne era rimasto innamorato.
Pensa e ripensa, va a bussare al palazzo di fronte, e chiede della Regina:*
– Maestà, – le dice, – avrei da chiederle un favore.
– Volentieri, Maestà; tra vicini se si può essere utili ... – dice la Regina.
– Vorrei quella bella mela che avete sul terrazzo.
*– Ma che dite, Maestà? Ma non sapete che io sono la madre di quella
mela, e che ho sospirato tanto perché mi nascesse?*
*Ma il Re tanto disse tanto insistette, che non gli si poté dir di no per man-
tenere l'amicizia tra vicini. Così lui si portò la mela in camera sua. Le
preparava tutto per lavarsi e pettinarsi, e la ragazza ogni mattina usciva,
e si lavava e pettinava e lui la stava a guardare. Altro non faceva, la
ragazza: non mangiava, non parlava. Solo si lavava e pettinava e poi tornava nella mela.*
*Quel Re abitava con una matrigna, la quale, a vederlo sempre chiuso in
camera, cominciò a insospettirsi: – Pagherei a sapere perché mio figlio se
ne sta sempre nascosto!*
*Venne l'ordine di guerra e il Re dovette partire. Gli piangeva il cuore, di
lasciare la sua mela! Chiamò il suo servitore più fedele e gli disse: – Ti
lascio la chiave di camera mia. Bada che non entri nessuno. Prepara tutti
i giorni l'acqua e il pettine alla ragazza della mela, e fa' che non le man-
chi niente. Guarda che poi lei mi racconta tutto. – (Non era vero, la
ragazza non diceva una parola, ma lui al servitore disse così). – Sta'
attento che se le fosse torto un capello durante la mia assenza, ne va
della tua testa.*
– Non dubiti, Maestà, farò del mio meglio.
*Appena il Re fu partito, la Regina matrigna si diede da fare per entrare
nella sua stanza. Fece mettere dell'oppio nel vino del servitore e quando
s'addormentò gli rubò la chiave. Apre, e fruga tutta la stanza, e più fru-*

gava meno trovava. C'era solo quella bella mela in una fruttiera d'oro.
– Non può essere altro che questa mela la sua fissazione!
Si sa che le Regine alla cintola portano sempre uno stiletto. Prese lo stiletto,
e si mise a trafiggere la mela. Da ogni trafittura usciva un rivolo di sangue.
La Regina matrigna si mise paura, scappò, e rimise la chiave in tasca al
servitore addormentato.
Quando il servitore si svegliò, non si raccapezzava di cosa gli era successo.
Corse nella camera del Re e la trovò allagata di sangue. – Povero me! Cosa
devo fare? – e scappò.
Andò da sua zia, che era una Fata e aveva tutte le polverine magiche. La
zia gli diede una polverina magica che andava bene per le mele incantate e
un'altra che andava bene per le ragazze stregate e le mescolò insieme.
Il servitore tornò dalla mela e le posò un po' di polverina su tutte le trafittu-
re. La mela si spaccò e ne uscì fuori la ragazza tutta bendata e incerottata.
Tornò il Re e la ragazza per la prima volta parlò e disse: – Senti, la tua
matrigna m'ha preso a stilettate, ma il tuo servitore mi ha curata. Ho
diciotto anni e sono uscita dall'incantesimo. Se mi vuoi sarò tua sposa.
E il Re: – Perbacco, se ti voglio!
Fu fatta la festa con gran gioia dei due palazzi vicini. Mancava solo la
matrigna che scappò e nessuno ne seppe più niente.

Soluzione del primo compito: personaggi: *regina/re, servitore,*
matrigna, fata; luoghi: *palazzo, terrazzo;* cose: *polverina magica, stiletto,*
incantesimo, pettine, vassoio, chiave

Soluzione del secondo compito: *4; 2; 1; 5; 7; 8; 6; 3; 9*

5

11 Inventiamo una storia

Procedimento: Seguite le istruzioni del manuale. La "storia" potrà
essere sia una fiaba che una favola che un "racconto moderno".
Al termine dell'attività fate leggere da ogni capogruppo il brano
scritto e, in caso di discorso diretto, fatelo leggere da più studenti.

12 Lettura

Grammatica: Introduzione delle strutture *che ... sappia, cosa vuoi che ne sappia?, c'è da* + infinito.

Procedimento: Seguite il procedimento presentato nella prima lezione, punto 6, spiegando prima che il "Carlino" è il giornale di Bologna. Dopo la lettura, chiedete il significato della battuta finale. Se in classe avete uno studente che ama disegnare, fate fare uno schizzo dei due protagonisti. Fate notare, infine, i due riquadri: in quello di sinistra viene messa in evidenza una particolare struttura con il *che* + congiuntivo presente di *sapere* (possibile in tutte le persone) che significa "Per quanto ne so / sappiamo" ecc. Fate rileggere pure la frase del dialogo "Cosa vuoi che (io) ne sappia?". Fate notare infine quel "C'è da" + infinito che ha il significato di "Si può / si deve" (es. *C'è proprio da piangere; non c'è da ridere; non c'è da stare allegri* ecc.).

13 La stampa

Procedimento: Seguite le istruzioni del manuale.

A questo punto potete svolgere il **Qualcosa in più** di p. 111 (cfr. **Guida p. 116**).

La famiglia cambia faccia

Tema: La (nuova) famiglia.

Obiettivi: Informarsi su qualcosa; descrivere situazioni; sostenere e motivare un'opinione; controargomentare.

Espressioni utili / lessico: *Non faccio altro che (+ infinito). (Non) sono propenso a (+ infinito). La mia preoccupazione è che (+ congiuntivo). Chi l'avrebbe mai detto? Non credo proprio ... anzi! Sì, però non puoi negare che ... E infatti non lo nego. Secondo me è proprio il contrario. Come sarebbe a dire?*

Grammatica: Aggettivi in *-bile*, forme irregolari del comparativo / superlativo, *fare* + infinito, la proposizione concessiva (*nonostante, sebbene, benché, malgrado* + congiuntivo), *ci si*; il gerundio temporale.

1 Ritratti di famiglia

Obiettivo: Introduzione del lessico e della tematica dell'unità.
Procedimento: Fate svolgere la prima attività in piccoli gruppi oppure in plenum e fate motivare la risposta. Passate poi a spiegare / far spiegare il lessico a fondo pagina che non dovrebbe creare difficoltà visto che sono noti gli analoghi *severo, sicuro, sinceramente, amico*.

2 La nuova famiglia

Grammatica: Aggettivi in *-bile* e comparativi irregolari.
Procedimento: Seguite il procedimento presentato nella prima lezione, punto 6, dando alcune parole-chiave e limitandovi a far rispondere al primo compito. Fate poi rileggere e trascrivere i cambiamenti avvenuti all'interno della famiglia. Sia l'una che l'altra parte dell'attività possono essere svolte in coppia. Trattandosi di una lettura contenente molto lessico nuovo, alla fine potete porre delle domande di comprensione in plenum, tipo *Cosa dice la signora Ceccani? Il suo nipotino è figlio unico? Suo figlio desidera avere altri bambini? Quale Paese al mondo ha il tasso più basso di natalità?* e così via. Al momento della consueta analisi fate osservare il primo riquadro di p. 64 chiedendo quale significato abbiano gli aggettivi in *-bile* (hanno un significato passivo ed esprimono una possibilità). Chiedete agli studenti se

6

ricordano altri aggettivi analoghi (conoscono ad esempio *indimenti-cabile*) e fate scoprire nuove forme (*Come si dirà "quello che può essere creduto, che non può essere mangiato, che può essere realizzato"?* ecc.). Passate ora al secondo riquadro. Qui vengono messe in evidenza due forme irregolari di comparativo. Altre forme, pur se non sistematizzate, sono già note (es. *meno, meglio*). Qua va affrontata comunque la regola completa (cfr. p. 194).

Soluzione del primo compito: *Natalità in Italia e nel mondo; Individualismo e struttura della famiglia; Aumento degli anziani; Migrazioni e nuove strutture familiari*

Soluzione del secondo compito: *Una volta le famiglie italiane aveva-no molti bambini. Oggi pochi (od uno solo) perché le mamme lavorano e non hanno tempo per una famiglia numerosa. Una volta nel mondo il tasso di crescita era più alto. Oggi c'è un decremento delle nascite (il tasso è sceso all' 1,2%) dovuto a una migliore contraccezione, a maternità posticipate, al crescente numero di donne che lavorano e a una migrazio-ne dalle aree rurali (dei paesi) a quelle urbane (delle città). Inoltre con un solo figlio tutto è più semplice ed economico.*

3 Di' la tua!

Procedimento: Seguite le istruzioni del manuale. Per gli insegnanti che lavorano con un pubblico (molto) giovane si consiglia di pro-porre una tematica leggermente diversa: *Siete contenti di essere figli unici? Perché? Siete contenti di avere un fratello/una sorella? Perché? Vi piacciono le famiglie (molto) numerose? Perché?*

4 Ti faccio sentire una cosa!

Procedimento: Prima di seguire le istruzioni del manuale, mostrate il riquadro con il verbo *fare* chiedendone il significato. Come risulta dallo schemino e come risulterà dall'attività con i fumetti, il verbo *fare* seguito da un infinito ha una duplice valenza: può assumere sia un valore causativo (es.: far piangere, far credere, far ridere) che il significato di "lasciare, permettere". Al termine dell'attività, fate notare che all'infinito (cfr. frase 4) il *fare* perde la *-e* finale.

Soluzione: *1. faccio vedere; 2. Faccio fare; 3. faccia/far vedere; 4. far riparare; 5. fai provare*

5 Nonni e nipoti

Obiettivo: Introduzione dei moduli linguistici atti a sostenere un argomento e a controargomentare.

Grammatica: La proposizione concessiva.

Procedimento: L'attività si compone di due parti distinte: una prima fase da affrontare come lettura e una seconda che è un ascolto. Per quanto riguarda la lettura spiegate che *sebbene* significa "anche se", che *caricare di impegni* vuol dire "far fare a qualcuno troppe cose". Per facilitare la soluzione del compito, prima di passare all'ascolto seguendo il procedimento presentato nella prima lezione, punto 2, potete far dare un titolo a ogni sequenza dell'articolo. Dopo aver verificato la soluzione inerente al dialogo potete chiedere quale sia l'opinione del padre e quale quella della figlia. Tornate ora alla pagina scritta per la consueta analisi. Dite che "nonostante" è sinonimo di "sebbene" e chiedete quale sia il modo retto dalla congiunzione.

Soluzione: *Il dialogo si riferisce alla prima notizia (anche se padre e figlia accennano poi a temi trattati negli altri estratti dell'articolo).*

6 Con un po' di fantasia

Obiettivo: Riutilizzo delle congiunzioni (reggenti il congiuntivo) che introducono una concessiva.

Procedimento: Prima di seguire le istruzioni del manuale, fate presente che "benché" e "malgrado" sono sinonimi di "nonostante" e "sebbene" e che le frasi non necessariamente dovranno riferirsi al dialogo/lettura appena svolti. Al termine dell'attività (che si potrà svolgere in coppia) potete far leggere alcune delle frasi scritte. Fate poi osservare che con queste congiunzioni non va sempre il congiuntivo presente. Scrivete alla lavagna le seguenti frasi:

Anche se fa molto freddo, penso di uscire.
Anche se faceva molto freddo, ho deciso di uscire.

Fate poi sostituire "anche se" con "nonostante/sebbene" e il corrispondente congiuntivo (*faccia* per la prima, *facesse* per la seconda frase).

7 Riflettiamo

Procedimento: Seguite le istruzioni del manuale, spiegando "sottolineare".

Soluzione: *1. Che dice?; 2. Anzi!; 3. Non puoi negare che …; 4. Secondo me è proprio il contrario. 5. Indubbiamente.*

8 Discussione

Obiettivo: Utilizzo delle espressioni appena apprese.
Procedimento: Dopo aver spiegato il lessico nuovo, seguite le istruzioni del manuale.

9 Una statistica

Grammatica: La costruzione con il *si* seguita da un verbo riflessivo.
Procedimento: Seguite le istruzioni del manuale con una prima fase di lettura seguita da una produzione libera. Ora fate leggere il riquadro e chiedete cosa possa significare quel *ci si* (la forma impersonale *si*, se seguita da un verbo riflessivo, si trasforma in *ci*, per evitare la cacofonia *si si*, ed è usata unicamente nella terza persona singolare).

Proposta supplementare: Se volete attivare la nuova struttura, proponete un gioco a catena. Voi inizierete dicendo ad es. *Quando ci si sposa troppo giovani …* Completerà la frase lo studente A che a sua volta dovrà iniziarne un'altra contenente *ci si* che verrà completata dallo studente B. E così via. Verrà eliminato chi darà una risposta non corretta o non pertinente.
Visto che non è semplice improvvisare delle frasi, aiutate gli allievi scrivendo alla lavagna alcuni verbi, tipo *alzarsi, abituarsi, lavarsi, riposarsi, sentirsi.*

10 A che ora torni?

Procedimento: L'attività va affrontata per gradi: la prima parte ha come obiettivo l'introduzione della tematica (rapporti genitori-figli) e del lessico utile, una sorta di prelettura. Per questa fase seguite le istruzioni del manuale, verificando poi in plenum se ci sono identità/disparità di vedute. Fate poi affrontare la lettura seguendo il procedimento presentato nella prima lezione, punto 6, facendo

6

infine compilare la tabella di p. 69. Dopo la verifica tornate alle istruzioni di p. 68, fatele rileggere e fate ricercare nel testo gli esempi di linguaggio giovanile o comunque tipicamente parlato (mancanza delle virgole e di punti interrogativi, *c'ho* per *ho*, il lessico in genere, come *mutter*, *Cancelliere* e così via, la presenza del *ti* nella frase *Cosa ti cambia…?*, quel *fece il vecchio Alex* per *disse il vecchio Alex*). Fate notare che alla riga 5 si poteva benissimo dire *per essere sicuro che …* Se volete, spiegate che a Bologna ci sono due famose torri, la Torre degli Asinelli e la Garisenda, simboli della città e che Feltrinelli, una famosissima Casa editrice, ha il proprio punto vendita proprio accanto alle due torri.

Soluzione: *Sono tre. Si tratta del padre, soprannominato il "Cancelliere", che nei confronti di Alex ha un rapporto piuttosto brusco e che si interessa solo all'orario di rientro. Poi c'è la madre, la "mutter" il cui rapporto con il figlio è più che una conversazione un battibecco. La discussione verte sul fatto che il ragazzo è sempre fuori casa, che lei vuole sapere con chi esce e se ha studiato abbastanza. Poi c'è Adelaide, un'amica, il cui tema di conversazione è l'appuntamento con Alex.*

 Enrico Brizzi è nato a Bologna nel novembre del 1974. *Jack Frusciante è uscito dal gruppo* è il suo primo romanzo, pubblicato nel 1994. Nel 1996 esce il romanzo *Bastogne*. Seguono il libro per bambini *Paco & il più forte di tutti*, il racconto *Lennon, Guevara, Bugatti*, il romanzo *Tre ragazzi immaginari* (1998), il libro-intervista *Il mondo secondo Frusciante Jack* (1999). Dopo aver scritto per "l'Unità", collabora attualmente con "La Stampa", con il supplemento "Scuola" del "Corriere della Sera" e conduce tre *tranche* d'un programma radiofonico su Radio Tre, *Giornate in classe*.

Proposte supplementari per gli insegnanti che lavorano con un pubblico (molto) giovane:

1ª Fotocopiate il testo, cancellate le battute di Alex e scrivetele in ordine sparso su un foglio. Distribuite poi le fotocopie e fate ricostruire il testo agli studenti.
2ª Distribuite due fogli, uno con le battute di Alex e uno con quelle dei genitori e fate ricostruire il testo.
3ª Fate fare una discussione prima in piccoli gruppi e poi in plenum sul seguente tema: *Il comportamento dei vostri genitori è simile a quello della mutter e del Cancelliere? E le loro preoccupazioni?*

11 Domande e risposte

Grammatica: Il gerundio temporale.

Procedimento: Prima di seguire le istruzioni del manuale fate leggere il riquadro e chiedete che modo verbale sia quello in neretto (il gerundio, anche se con valore condizionale, è già noto da *Espresso 2*, lez. 9) e che funzione abbia qua (temporale, come evidenziato da quel *mentre*). Esercitate il nuovo modo verbale ponendo qualche domanda in plenum, tipo *Chi incontri venendo a scuola? Cosa fai tornando a casa?* Precisate infine che questo uso del gerundio è possibile solo se c'è identità di soggetto fra principale e secondaria. Scrivete queste due frasi e fate riflettere sulla loro differenza:

Ho incontrato Carla tornando a casa.   (io ... io)
Ho incontrato Carla che tornava a casa.   (io ... lei)

Soluzione: *1. d. tornando; 2. c. facendo; 3. e. giocando; 4. a. sfogliando; 5. b. uscendo*

12 «Va bene se torno alle sette?»

Procedimento: Seguite le istruzioni del manuale. In alternativa fate lavorare gli studenti in piccoli gruppi, precisando che dovranno preparare il copione di un pezzo teatrale che verrà poi rappresentato. Il "regista" dovrà essere preciso e curare bene il pezzo, precisando dunque titolo, regia, attori, ambiente (es. interno di un appartamento), luci, voci, ecc. Per gli "attori" sarà sufficiente una scaletta con gli appunti principali.

13 E i piatti chi li lava?

Obiettivo: Introduzione della tematica "suddivisione delle faccende domestiche".

Procedimento: Seguite le istruzioni del manuale, spiegando prima il lessico nuovo e facendo compilare poi il questionario individualmente. Dopo aver riportato la discussione in plenum, potete aprire un dibattito sul tema *Da voi c'è parità nella suddivisione delle faccende domestiche? È giusto che ci sia?* L'ideale sarebbe avere alcune persone pro, le "femministe", e alcune contro, "i maschilisti", in modo da permettere agli studenti di argomentare/controargomentare.

6

14 Una donna racconta

Procedimento: Prima affrontate l'ascolto seguendo il procedimento presentato nella prima lezione, punto 15. Fate ascoltare più volte per permettere la compilazione della tabella. Solo dopo aver verificato la soluzione, passate alla fase di produzione orale.

Trascrizione dell'intervista:

◆ *Senta, Lei è sposata?*

■ *Sì.*

◆ *E ha figli?*

■ *Due, un maschio e una femmina.*

◆ *Mm. Quanti anni hanno?*

■ *La femmina dieci anni, il maschio otto.*

◆ *Mm. E Lei lavora o è ... casalinga?*

■ *Io lavoro. Sono impiegata alle Ferrovie dello Stato.*

◆ *Mm. Come riesce a organizzare il lavoro e la famiglia?*

■ *Beh, adesso che i ragazzi sono un po' grandini, abbastanza bene, nel senso che la scuola è quasi sempre con un orario lungo e siccome io faccio un orario ridotto fino alle quattordici e solo due volte alla settimana esco alle cinque del pomeriggio, allora ce la faccio ad andare io a riprendere i bambini. Nei due pomeriggi in cui non ce la faccio, mando o mio suocero, oppure c'è una ragazza che mi fa questo piacere. E ... però quando erano più piccoli è stato terribile ...*

◆ *Mm.*

■ *... perché non ci sono molti asili nido e sono molto cari, soprattutto quello. Anche quelli pubblici sono cari.*

◆ *Mm. Mm. E l'organizzazione in casa? I lavori di casa? Suo marito Le dà una mano o deve far tutto da sola?*

■ *No, no. Mi dà una mano per fortuna, perché altrimenti non ce la faremmo! No, è bravo, fa tante cose, spolvera, pulisce i bagni, passa l'aspirapolvere ...*

◆ *Mm.*

■ *... sì.*

◆ *Ma Lei pensa che sia una rarità in Italia o è abbastanza ... comune?*

■ *No. Credo che oggi sia abbastanza comune, perché tutte le ... le, quasi tutte le mogli lavorano, anche perché per le necessità economiche della*

6

famiglia non si può fare diversamente. E quindi si ci ... si arriva a questa divisione dei compiti che è molto importante, ecco, perché se un uomo non capisce che deve dare una mano alla moglie, il matrimonio non va avanti, eh.

◆ *Mm. E secondo Lei lo Stato aiuta le famiglie in qualche modo? Ci sono delle politiche a favore della famiglia o no?*

■ *Mm ... Mah, secondo me ci sono più discorsi che politiche a favore della famiglia ...*

◆ *(In che senso?)*

■ *... perché appunto le strutture sono poche, le scuole quando i bambini sono poi molto piccoli, l'asilo nido, la scuola materna non sono mai sufficienti. Le domande sono sempre superiori alla capienza, per cui si deve ricorrere o ai nonni o alle baby sitter a pagamento o appunto agli asili nido privati eccetera. Poi le scuole ... anche le scuole a tempo pieno spesso sono ... non sono ben organizzate, cioè il tempo dei bambini non è utilizzato in maniera corretta. Spesso la parte che si riferisce al pomeriggio viene usata più come un doposcuola, fare i compiti della mattina e non altre attività come si dovrebbe.*

◆ *Mm. Mm. Mm. OK, La ringrazio.*

■ *Prego.*

Soluzione: Dati personali: *Sposata con due figli (una femmina di dieci anni, un maschio di otto);* Lavoro: *Impiegata alle Ferrovie dello Stato;* Organizzazione della vita familiare: *Attualmente abbastanza buona perché lei lavora fino alle 14 e solo due volte alla settimana fino alle 17 (in quest'ultimo caso i bambini va a prenderli o il suocero o una ragazza), ma soprattutto perché il marito le dà una mano in casa.* Cosa pensa del contributo che gli uomini danno in casa? *Lei lo ritiene abbastanza comune in Italia e comunque importante.* Cosa pensa delle politiche familiari dello Stato? *Che si facciano più parole che vere e proprie politiche, che le strutture siano insufficienti (con troppe domande rispetto ai posti disponibili) e le scuole a tempo pieno inadeguate.*

Feste e regali

Tema: Tradizioni e feste italiane; i regali.

Obiettivi: Esprimere desideri / speranze / possibilità / preferenze; ricordare a qualcuno una promessa fatta e non mantenuta; rifiutare una proposta specificandone il motivo.

Espressioni utili / lessico: *Allora, ti sbrighi? Siamo in ritardo. Vuoi che … (+ congiuntivo)? Magari … (+ congiuntivo imperfetto)! Guarda che non sei mica obbligato a … Che c'è che non va? Non ti va di …? Mi avevi promesso che … Io ci tengo a … Calcolando che …*

Grammatica: *(Non) mica; magari* + congiuntivo imperfetto; concordanza dei tempi e dei modi con frase principale all'indicativo; il pronome *si* combinato con altri pronomi; posizione dei pronomi con il gerundio; il periodo ipotetico della possibilità.

1 Feste

Obiettivo: Introduzione alla tematica dell'unità.
Procedimento: Seguite le istruzioni del manuale.

Soluzione: *foto in alto a sinistra: Carnevale; foto in alto a destra: Epifania; foto al centro a sinistra: Natale; foto al centro a destra: San Valentino; foto in basso a sinistra: Pasqua; foto in basso a destra: Festa della Donna*

 Nella tradizione cristiana l'Epifania (termine che deriva dal greco e che vuol dire "manifestazione") è la festa che rievoca la visita dei Re Magi al Bambino Gesù nella notte tra il 5 e il 6 gennaio. In questa notte la Befana, una vecchia a cavalcioni di una scopa, passa sopra i tetti e calandosi dai camini riempie le calze lasciate appese dai bambini (di giocattoli e caramelle per quelli buoni, di carbone e cenere per quelli cattivi). L'origine di questo personaggio è molto antica, discende da tradizioni magiche precristiane e si fonde con elementi folcloristici e cristiani.

San Valentino: Fin dal quarto secolo a. C. i romani pagani rendevano omaggio, con un singolare rito annuale, al dio Lupercus. I nomi delle donne e degli uomini che adoravano questo Dio venivano messi in un'urna e opportunamente mescolati. Quindi un bambino sceglieva a caso alcune coppie che per un intero anno avrebbero vissuto in intimità per concludere il rito della fertilità. L'anno successivo sarebbe poi ricominciato nuovamente con altre coppie. Per mettere fine a questo popolare rito pagano (per la fertilità), la Chiesa ha cercato un santo "degli innamorati" per sostituire Lupercus: Valentino, un vescovo che era stato martirizzato circa duecento anni prima.

Pasqua: Le Vie Crucis sono a centinaia e tutte incredibilmente suggestive. Si rinnovano ogni anno in tutta Italia. Resistono al tempo e alle mode e ogni anno ripropongono il mistero della passione e morte di Cristo con intensità preparata spesso nei mesi antecedenti alla Pasqua. Le Vie Crucis viventi, ma più in generale tutti i riti collettivi della Settimana Santa, si trovano un po' ovunque. Sardegna e Sicilia regalano i riti forse più intensi, derivanti dalla dominazione spagnola.

La festa della Donna: Le origini della festa dell'8 marzo risalgono al 1908, quando, pochi giorni prima di questa data, a New York le operaie dell'industria tessile Cotton scioperarono per protestare contro le condizioni in cui erano costrette a lavorare. Dopo alcuni giorni di sciopero, l'8 marzo, il proprietario Mr. Johnson fece bloccare tutte le porte della fabbrica e appiccare il fuoco allo stabilimento. Le 129 operaie prigioniere all'interno morirono nell'incendio. Successivamente questa data venne proposta come giornata di lotta internazionale, a favore delle donne, da Rosa Luxemburg, proprio in ricordo della tragedia.

2 In Italia spesso si fa ...

Procedimento: Le feste qui elencate a eccezione del Capodanno sono le stesse raffigurate nelle foto di p. 72. Seguite quindi le istruzioni del manuale procedendo agli abbinamenti. Solo dopo la verifica spiegate i vocaboli sconosciuti, precisate che panettone, colomba (due tipi di dolci) e cotechino (una specie di salame) sono dei tipici cibi italiani, che il carbone viene portato dalla Befana ai bambini "cattivi", che la tradizione dell'albero di Natale è più dell'Italia del Nord e quella del presepio più del Sud. Passate quindi alla discussione libera in cui si analizzeranno in modo contrastivo gli usi italiani e quelli del Paese degli studenti.

Soluzione: Natale: *fare il presepio, mangiare il panettone, addobbare l'albero, giocare a tombola;* Pasqua: *mangiare un dolce a forma di colomba, regalare uova di cioccolata;* Epifania: *riempire le calze dei bambini di* *dolci e carbone di zucchero;* Capodanno: *aspettare la mezzanotte per brindare con lo spumante, giocare a tombola, mangiare il cotechino con le lenticchie;* Carnevale: *fare scherzi, mascherarsi;* Festa della Donna: *regalare un mazzetto di mimosa*

3 W la tradizione?

Procedimento: Seguite le istruzioni del manuale.

4 No, per carità!

Obiettivo: Introduzione di moduli linguistici atti ad argomentare.
Grammatica: Concordanza dei tempi e dei modi.
Procedimento: Per la prima fase seguite il procedimento presentato nella prima lezione, punto 2. Dopo la verifica passate alla riflessione della seconda attività, che non dovrebbe creare difficoltà, visto che *Magari!* nel significato di speranza è già noto da **Espresso 2**. Quando tornerete alla pagina scritta, potrete fare un primo esercizio di lessico chiedendo il sinonimo di *per niente* (= mica), *Non hai voglia di …?* (= Non ti va di …?), *per me è importante* (= ci tengo). Soffermatevi sul riquadro e spiegate che quel *mica* è un rafforzativo della negazione. Fate fare qualche esempio, poi ricopiate alla lavagna la frase del riquadro e scrivete sotto *Mica sei obbligato a mangiare tutto!*, facendo riflettere sulla differenza (se il *mica* sta all'inizio di frase, il *non* viene eliminato). Scrivete ora alla lavagna *Magari cominciassero senza di noi!*, chiedete di quale modo verbale si tratti (congiuntivo) e se sia una frase principale o secondaria (una principale). Fate notare che dunque il congiuntivo non viene usato solo nelle secondarie, ma anche nelle principali, in casi come questo in cui si esprime un desiderio non realizzato, introdotto ad esempio da *magari*. Se volete fissare la nuova struttura per iscritto, proponete che gli studenti scrivano un manifesto dal titolo "I nostri sogni" con frasi inizianti con *magari*.

Passate ora al riquadro di p. 75 facendo fare considerazioni e ipotesi. A questa parte della concordanza, che agli allievi risulta spesso difficile, è consigliabile dedicare un po' di tempo. Quindi, prima del fissaggio (attività 5) sarebbe bene fare una sintesi della concordanza (all'indicativo) fin qui appresa. Ricopiate quindi alla lavagna il riquadro di p. 215 (senza le parentesi) e fate spiegare la regola completa agli studenti.

7

Soluzione del primo compito: *Si parla di Natale o di Capodanno perché sono citati il panettone, il gioco della tombola e un pranzo "importante"; espressioni da inserire (in ordine d'apparizione): ti sbrighi – mica – per carità – ci tengo – sembra brutto – calcolando che – dai.*

Soluzione del secondo compito: *magari questa volta ce ne andiamo dopo pranzo* (possibilità); *Magari cominciassero senza di noi!* (speranza)

5 Ma …

Obiettivo: Esercitazione della concordanza dei tempi e dei modi.
Procedimento: Seguite le istruzioni del manuale, facendo poi leggere alcune frasi in plenum.

6 E se invece …

Procedimento: Seguite le istruzioni del manuale, spiegando *avvicinarsi* e *non vedere l'ora*.

7 Regali …

Procedimento: Seguite le istruzioni del manuale, spiegando *stressante* e *superfluo*. Al termine dell'attività potete scrivere *stressante = che stressa*. Spiegate che si tratta di un participio presente che in italiano è molto usato in funzione di aggettivo e a volte di sostantivo. Spiegate come si forma (cfr. p. 211) e dite agli studenti che – pur senza sapere che si tratta di questo modo verbale – conoscono moltissimi participi presenti (come aggettivi: *contenente, corrispondente, crescente, divertente, emozionante, importante, interessante, seguente,* ecc.; come sostantivi: *il cantante, l'insegnante, il presidente, lo studente*) e stimolateli a ricordarne alcuni.

8 Se mi accorgessi che …

Grammatica: Il pronome *si* combinato con altri pronomi, posizione dei pronomi con il gerundio.
Procedimento: Seguite le istruzioni del manuale, guardando anche il procedimento presentato nella prima lezione, punto 6. Procedete per gradi, controllando l'esattezza delle risposte dopo ogni singola fase. Come parole-chiave date eventualmente *distinguere, formalità,*

incarto, fare una figuraccia per il 1° testo, *rimanerci male, rifilare, privarsi* per il 2°, *la sottoscritta, sprofondare* per il 3°. Dopo la verifica delle risposte, potete spiegare/far notare che dopo *non è detto che* segue il congiuntivo. Fate pure presente che *dessero* è il congiuntivo imperfetto di *dare*. Se poi verrà chiesto come mai sia scritto *un'amica di nonna* (e non *della* nonna), spiegate che questo è un uso della lingua parlata dell'Italia centro-meridionale. Passate ora al riquadro di p. 77 stimolando le consuete osservazioni. Le regole da intuire qui sono due: la prima riguarda la posizione dei pronomi con il gerundio, la seconda la combinazione del *si* con altri pronomi. Per quanto concerne la prima regola, chiedete agli studenti se ricordano altri casi in cui il pronome va unito al verbo (imperativo) e spiegate quelli nuovi (cfr. p. 79). Fate fare delle frasi con il consueto procedimento a catena (A formula una frase con il gerundio + sostantivo che verrà sostituita da B con il corrispondente pronome, B formula una nuova frase che C sostituirà, ecc. o dicendo voi la prima frase e lanciando a uno studente la pallina). Per l'altra regola non ci dovrebbero essere difficoltà, visto che i discenti conoscono già dalla prima lezione i pronomi doppi. Si tratterà ora solo di mostrare che anche il *si* può combinarsi con altri pronomi. Se volete mostrate la tabella di p. 197.

Soluzione del primo compito: *b; d*

Soluzione del secondo compito: 1ª persona: *è favorevole, almeno se si tratta di regalo informale, perché significherebbe che qualcuno ha pensato a lei;* 2ª persona: *ha una posizione neutra, dipende dalla persona che fa il regalo (se interessa o meno) e dal regalo stesso (un oggetto a cui chi lo ha regalato teneva molto);* 3ª persona: *è decisamente contraria perché capita di fare figuracce.*

9 Se ...

Grammatica: Il periodo ipotetico della possibilità (effettiva).
Procedimento: Seguite le istruzioni del manuale, dicendo il nome della nuova struttura. Dopo la verifica delle risposte scrivete alla lavagna una frase tipo *Se tu venissi sarei felice* e fate analizzare il nuovo periodo ipotetico (gli studenti conoscono quello della realtà da *Espresso 2*): *Come si forma? Cosa esprime?* (Cfr. p. 79). Sottolineate la differenza fra ciò che esprime la frase che avete scritto e *Se tu vieni sono felice.*

Soluzione: *Se mi dessero una bottiglia di profumo usata, non sarei molto felice; Se (l'incarto) fosse usato, si farebbe una figuraccia; (Anche) se mi regalassero un oggetto riciclato, sarei felice; Se dovessi fare io il regalo, deciderei se ...; Se in casa dovessi avere qualcosa che posso riciclare, è probabile che lo farei.*

10 Come ti comporteresti se ...?

Obiettivo: Esercitazione del periodo ipotetico della possibilità.
Procedimento: Seguite le istruzioni del manuale.

11 Cosa accadrebbe se ...?

Obiettivo: Esercitazione del periodo ipotetico della possibilità.
Procedimento: Seguite le istruzioni del manuale, facendo svolgere l'esercitazione per iscritto. Se volete rendere più "giocosa" l'atmosfera e allenare maggiormente la nuova struttura, scrivete alla lavagna un'ipotesi inconsueta, tipo *Cosa faresti se avessi a disposizione la lampada di Aladino?* Ogni studente scriverà 3 desideri su dei foglietti che verranno poi ridistribuiti, letti da un altro compagno che dovrà indovinarne l'autore.

Proposta supplementare per gli insegnanti che lavorano con un pubblico giovane: Se volete approfondire ulteriormente la nuova struttura e amate la poesia, si consiglia di fotocopiare per gli studenti il famoso sonetto di Cecco Angiolieri "S'i' fosse foco, arderei 'l mondo". Come prima attività potreste proporre di sostituire i verbi della poesia in italiano corrente (l'autore visse a cavallo fra il Duecento e il Trecento e usa pertanto il linguaggio dell'epoca); in un secondo tempo ogni studente, prendendo spunto dal componimento, potrà comporre il proprio sonetto (non necessariamente in rima) scrivendo cosa farebbe se fosse un'altra persona o una cosa.

12 Sei festaiolo?

Procedimento: Seguite il procedimento presentato nella prima lezione, punto 15, spiegando che *festaiola* è una persona che ama le feste. Visto che lo spazio a disposizione nella tabella non è molto, se i vostri studenti vogliono scrivere di più, fate fare l'attività sul quaderno.

Trascrizione delle interviste:

◆ *Senti, tu come ti chiami?*

■ *Paola.*

◆ *Paola, Paola. Quanti anni hai?*

■ *Quasi cinquanta.*

◆ *Quasi cinquanta. Oggi vogliamo parlare di feste. Mm, ti ritieni una persona festaiola? Una persona a cui piace festeggiare?*

■ *Abbastanza …*

◆ *Abbastanza.*

■ *… soprattutto mi piace stare insieme agli amici.*

◆ *Che tipo di feste ti piacciono? Quando festeggi che cosa fai di solito?*

■ *Mah, di solito le nostre feste sono soprattutto gastronomiche e facciamo quelle che si chiamano le "unioni di pentola", ovvero ognuno porta qualcosa e … e finisce che mangiamo come pazzi, una cosa terribile! Però ci piace anche ascoltare musica, ballare, fare qualche gioco di società e così insomma.*

◆ *Mm. C'è una festa di cui ti ricordi che ti è piaciuta particolarmente?*

■ *Eh, rischio di sembrare molto romantica, è la festa in cui ho conosciuto mio marito. Finivo diciotto anni. Eh, veramente un bel ricordo!*

◆ *Mm.*

■ *Fra l'altro in quella festa c'è stata un'amica mia che ha conosciuto il suo attuale marito …*

◆ *Ah …*

■ *… quindi abbiamo fatto proprio tutto da amici.*

◆ *Ho capito. Senti, che rapporto hai invece con le feste tradizionali? Tipo Natale, Pasqua …*

■ *Mah, passato il periodo della … dell'età molto giovane in cui si contesta(no) i genitori, gli zii, i parenti eccetera, devo dire che ora mi piacciono le feste molto tradizionali, anche perché con gli anni scopri che quello che conta nella vita sono gli affetti, stare insieme alle persone che hanno significato qualcosa per te nella vita. E quindi adoro fare le feste insieme ai miei parenti.*

◆ *Mm. E il tuo compleanno invece di solito come lo festeggi?*

■ *Ah! Ovviamente con una festa!*

◆ *Fai sempre una festa?*

7

■ *Sempre da quando avevo diciotto anni! Oramai è una tradizione, per cui tutti si aspettano di essere invitati e finisce sempre in una megafesta. Quindi io non è che poi mi faccia un gran regalo di compleanno perché ...*

◆ *... in realtà, in realtà non festeggi ...*

■ *... mi stanco moltissimo, però mi fa piacere riunire tutti gli amici nella stessa occasione.*

◆ *Mm. E se potessi organizzare una megafesta, come l'hai chiamata tu? Se avessi a disposizione dei soldi, che tipo di festa pensi che faresti?*

■ *Penso, mi piacerebbe una festa in costume a tema, all'aperto, possibilmente con dei bei barbecue accesi, fare sopra delle grigliate e poi musica e ... così, sì, una bella festa a tema.*

◆ *Mm. OK, grazie.*

■ *Prego, ciao.*

◆ *Senti, tu come ti chiami?*

● *Io Ettore.*

◆ *E quanti anni hai?*

● *Ventinove.*

◆ *Ti volevo chiedere delle cose a proposito di ... di feste. Se ti piace festeggiare, che tipo di feste ti piacciono ...*

● *Ah.*

◆ *... mm, c'è una festa di cui ti ricordi particolarmente, che ti è rimasta impressa?*

● *Ehm. Beh, devo dire, io sono molto festaiolo. Purtroppo.*

◆ *Come purtroppo?*

● *Purtroppo sì, perché aspettiamo di finire di lavorare durante la settimana per il weekend e impostarlo proprio sul discorso festa. Ho la fortuna di avere un gruppo di ragazzi che fra l'altro abbiamo anche un sito Internet dove ci colleghiamo con altre persone d'Italia e facciamo queste grosse feste organizzate bene, con musica, da bere e tutto e devo dire anche, ci dà anche molta soddisfazione. Quindi sono un gran festaiolo, ...*

◆ *Mm.*

● *... mi piace molto. L'ultima festa che mi sono ... diciamo la più bella, la più bella stranamente è stata la più tranquilla. La più tranquilla* *perché eravamo … avevamo affittato questa casa all'interno del … di un enorme campo, va bene?, una casa un po' sperduta, nella campagna toscana, e niente, c'era un sacco di gente, persone tranquillissime, però con la musica molto soft, sai?, (que)sta campagna rurale, le persone … e devo dire è stata una delle più belle per l'atmosfera, no?, per la cosa respirata. C'era(no) anche delle bellissime ragazze.*

◆ *OK. Senti, quindi se sei un festaiolo avrai sicuramente dei problemi con le feste tradizionali o no? Come le festeggi di solito?*

● *Mm, sì purtroppo sai Natale, Pasqua, son cose che ormai non … non concepisci più, perché cioè devi andare a mangiare con i genitori, la zia, la nonna, invece senti che, capito?, sei trasportato verso altre cose.*

◆ *Però lo fai. Di solito il Natale lo fai coi tuoi … Il pranzo …*

● *Sì, lo faccio. Sì, sì purtroppo lo faccio. No, lo faccio perché alla fine, dai …*

◆ *Mm. Se potessi organizzare una festa, mettiamo. A parte che già lo fai, organizzi delle feste, ma, faresti adesso qualcosa di particolare? Non so, supponi hai a disposizione un bel po' di soldi per organizzare una festa.*

● *Mah, guarda, potessi organizzare una festa, organizzerei una festa un po' come le facevano nel … nel Settecento a Venezia, no?, …*

◆ *Mm.*

● *… quindi piene di vestiti, trine ...*

◆ *Con le maschere.*

● *… maschere, in un bel palazzo magari anche veneziano.*

◆ *OK, ottima idea.*

● *Sì, molto bella … trasgressiva anche al punto giusto.*

◆ *Grazie.*

● *Prego. Ciao.*

7

Soluzione: *A Paola, di quasi 50 anni, piacciono le feste gastronomiche, ma anche quelle con musica, dove si balla e si fanno giochi di società. Ricorda in particolare la festa in cui ha conosciuto suo marito. Le feste tradizionali adesso le piacciono (ma non le piacevano da ragazza). Al suo compleanno fa una "mega-festa" in cui riunisce tutti gli amici. Se potesse organizzerebbe una festa in costume, a tema, all'aperto e con musica. Ettore, di 29 anni, ama tutti i tipi di feste e le organizza con musica e bevande. La festa che ricorda particolarmente è una molto tranquilla nella campagna toscana. Con le feste tradizionali non ha un buon rapporto (ma le fa, anche se controvoglia). Non dice come festeggia il suo compleanno e se potesse farebbe una festa come quelle del 700 a Venezia, con le maschere e magari in un bel palazzo veneziano.*

13 Tu e le feste

Procedimento: Seguite le istruzioni del manuale.

A questo punto potete svolgere il **Qualcosa in più** di p. 112. (cfr. **Guida p. 116**).

7

Salviamo il nostro pianeta

Tema: I problemi ecologici.

Obiettivi: Esprimere rabbia/preoccupazione, chiedere il motivo di qualcosa, criticare il comportamento di qualcuno, esprimere la propria opinione motivandola, controargomentare, esprimere un'ipotesi e le sue conseguenze.

Espressioni utili/lessico: *A me preoccupa/preoccupano ... Una delle cose che mi preoccupa di più è ... Lascia perdere che ... (sono nero). Com'è che ... (ci hai messo tanto)? È che ... (il centro era chiuso). Se l'avessi saputo, sarei/avrei ... A parte il fatto che... Non sarà certo ... a (+ infinito). Guarda, se tutti la pensassero come te, anziché ... Spesso ci dicono che ... Che abbia a che fare con ...?*

Grammatica: Il gerundio passato (o composto), *dopo* + infinito passato, il congiuntivo trapassato, il periodo ipotetico dell'irrealtà, il congiuntivo nelle frasi principali, la 3ª persona plurale usata impersonalmente.

8

1 Un manifesto

Obiettivo: Introduzione alla tematica dell'unità.
Procedimento: Seguite le istruzioni del manuale.

Proposta supplementare per gli insegnanti che lavorano con un pubblico (molto) giovane: Fate disegnare in piccoli gruppi dei manifesti a salvaguardia del nostro pianeta.

2 Ipotesi sul futuro

Obiettivo: Introduzione del lessico relativo all'unità.
Procedimento: Seguite le istruzioni del manuale, facendo svolgere la prima parte dell'attività singolarmente e la discussione in piccoli gruppi.

3 Che tempo fa?

Grammatica: *Dopo* + infinito passato; il gerundio passato.
Procedimento: Seguite il procedimento presentato nella prima lezione, punto 6, dando come parole-chiave *buon senso, sbagliare rotta,*

ménage, ritardare, anticipare, smottamento, eventi estremi, fango.
Se volete facilitare il compito proposto, fate dividere il brano in
sequenze e fate dare un titolo a ogni sequenza. Potete spiegare che
italico è un sinonimo (qui ironico) di *italiano*. Infine passate alla
seconda parte che sarà svolta in coppia o in piccoli gruppi. Dopo
aver verificato le risposte del questionario, fate leggere e analizzare
il riquadro di sinistra di p. 82. Chiedete agli studenti se ricordano
la struttura *prima di* + infinito (cfr. lez. 1) e qual è la differenza con
questa struttura (là c'era l'infinito presente, qua quello passato).
Domandate come si forma secondo loro il nuovo modo verbale
(infinito passato, cfr. p. 89) e se notano una particolarità (la rara
presenza della *e* con cui termina l'infinito semplice). Mostrate ora
il riquadro di destra, facendo fare delle ipotesi. Che si tratti di una
causale è già chiarito nelle istruzioni relative all'attività 4, chiedete
in quale modo e tempo è espressa (gli alunni conoscono già il
gerundio presente, non dovrebbe essere complicato capire che si
tratta di un altro tempo del gerundio) e come si forma.

Soluzione: Cambiamenti*: 1. aumento della temperatura di 2-3 gradi;
2. si assiste a un maggiore smottamento dei versanti alpini; 3. il perma-
frost tende a cedere; 4. piogge e grandinate saranno sempre più violente;
5. anche le precipitazioni invernali estreme aumenteranno molto;*
Conseguenze*: 1. la prima nevicata ritarda e lo scioglimento della neve
è anticipato; 2. più incidenti in montagna; 3. sono così meno sicuri
impianti e rifugi; 4. con il rischio che le case vicine ai fiumi vengano
portate via dall'acqua*

4 Completa

Procedimento: Prima di seguire le istruzioni del manuale, fate
leggere in plenum i due esempi, verificando che sia chiaro cosa
viene richiesto. Spiegate pure che una causale (se precede la principale) può essere introdotta da congiunzioni tipo *poiché / visto che /
siccome / dato che / dal momento che*, ma non da *perché*. Poi fate svolgere l'attività per iscritto. Dopo la relativa correzione – che renderà
palese come a volte il limite fra una frase temporale e una causale
possa essere sottile – soffermatevi sulla differenza d'uso fra gerundio
presente / gerundio passato (il primo si usa quando frase principale
e frase secondaria sono contemporanee; il secondo quando la
secondaria avviene prima della principale) e sulla spiegazione
dell'aggettivo *entrambe* della frase 4 (cfr. p. 195 del manuale).

Soluzione: *1. Non avendo mangiato niente tutto il giorno, mi è venuta una fame terribile; 2. Dopo aver visto / Avendo visto la cena che aveva preparato mia madre mi è venuta una fame terribile; 3. Non avendo mai fatto sport Franco ha / aveva / avrà difficoltà a muoversi; 4. Avendo usato i fogli da entrambi le parti li abbiamo buttati via / Dopo aver usato … li buttiamo via; 5. Dopo aver letto / avendo letto una recensione sul giornale, ho comprato il libro; 6. Avendo abitato sempre con i genitori, Paolo non è / era abituato a fare i lavori di casa.*

5 «Eco-consigli»

Procedimento: Prima di seguire le istruzioni del manuale, spiegate il nuovo lessico. Al termine dell'attività riportate in plenum la discussione, come specificato nelle istruzioni.

Proposta alternativa per gli insegnanti che lavorano con un pubblico (molto) giovane: Se i vostri alunni sono particolarmente giovani, potete offrire altri "consigli" ecologici, tipo *non gettare rifiuti e carte fuori degli appositi contenitori; rispettare / non danneggiare le piante, gettare le pile scariche nei contenitori per la raccolta differenziata, non lasciare bottiglie o lattine nell'ambiente, acquistare quaderni in carta riciclata, preferire giochi costruiti in materiale riciclabile, non usare radio o walkman ad alto volume, non fare eccessivo rumore con il motorino (inquinamento acustico).* Non sarebbe forse inoltre una cattiva idea affrontare con i ragazzi il tema del fumo. Potreste proporre questa breve lettura, con la seguente attività.

La nuova legge sul fumo
In Italia sta per essere approvata una legge sul fumo. Leggete cosa prevede.
La legge vieta di fumare nei locali chiusi, mentre sarà consentito in quelli privati non aperti a utenti o al pubblico e in quelli riservati ai fumatori. I fumatori potranno continuare ad accendersi la sigaretta nei bar e nei ristoranti che lo consentiranno, ma soltanto negli spazi riservati. Per cogliere i fumatori in flagranza, è prevista l'istituzione della figura dei cosiddetti "sceriffi antifumo". I trasgressori rischieranno una multa tra i 25 e i 250 euro. Che raddoppiano se nei dintorni ci sono donne incinte o bambini sotto i 12 anni.

(da. www.lanuovaecologia.it)

Siete d'accordo con il divieto o pensate che sia esagerato? Prendete posizione (a favore o contro), formate poi dei piccoli gruppi misti (due a favore, due contrari) e fate una discussione.

6 Se l'avessi saputo ...

(Q) **Grammatica:** Riflessione sull'uso del periodo ipotetico dell'irrealtà.
Procedimento: Seguite il procedimento presentato nella prima lezione, punto 2. Dopo la verifica passate immediatamente alla riflessione dell'attività 7.

Soluzione: *l'inquinamento atmosferico; la scomodità dei traffici pubblici; il traffico*

7 Riflettiamo

Grammatica: Il periodo ipotetico dell'irrealtà.
Procedimento: Seguite le istruzioni del manuale.

Soluzione: *Le prime due frasi usano due strutture già note (periodo ipotetico della realtà e della possibilità), mentre la terza presenta l'ultima struttura del periodo ipotetico (dell'irrealtà) che sappiamo esprimere una situazione che non si è verificata né potrà mai verificarsi (cfr. p. 89).*

8 Troppo tardi!

Grammatica: Il periodo ipotetico dell'irrealtà, il congiuntivo trapassato.
Procedimento: Mostrate il riquadro di p. 84, dicendo che la nuova forma verbale (*avessi saputo*) è un congiuntivo trapassato. Chiedete agli studenti di avanzare ipotesi su come si forma (*congiuntivo imperfetto di essere/avere + participio*). Scegliete poi alcuni verbi da far coniugare nel nuovo tempo del congiuntivo. Se volete, potete precisare che con le locuzioni *come se* (cfr. lez. 4) e *magari* (cfr. lez. 7) si usano esclusivamente il congiuntivo imperfetto (se c'è contemporaneità d'azione fra principale e secondaria) o trapassato (se l'azione della secondaria precede quella della principale).
Infine fate svolgere l'attività come indicato nelle istruzioni, facendo usare il periodo ipotetico dell'irrealtà. Alla fine potete far leggere qualche frase in plenum.

Proposta supplementare: Volendo esercitare ulteriormente il periodo ipotetico del 3° tipo, potete fare il seguente gioco. Dite agli studenti di trascrivere su un foglietto 5-6 frasi. A turno ogni studente leggerà solo l'apodosi (= la proposizione reggente), mentre il resto del gruppo dovrà cercare di indovinare la protasi (= la proposizione subordinata). Es.: *Il viaggio sarebbe stato meno faticoso* (= apodosi), *se avessimo prenotato i posti* (= protasi).

9 Ipotesi

Obiettivo: Riflessione sull'uso del periodo ipotetico adeguato.
Procedimento: Seguite le istruzioni del manuale. Non essendoci una soluzione univoca, è consigliabile far leggere, al termine dell'attività, alcune frasi in plenum, soprattutto quelle che possono prestarsi a più alternative.

10 Role-play

Procedimento: Trattandosi di un role-play lasciate agli studenti come sempre qualche minuto per prepararsi la parte. Se avete un pubblico giovane potete sostituire la situazione: A voleva andare a un concerto, certo di trovare ancora posti disponibili (ma i biglietti sono esauriti), B aveva proposto o di andare al concerto, ma di prenotare assolutamente i biglietti, o in alternativa di vedere l'ultimo film di un famoso regista.

11 Ma cosa mangiamo??

Obiettivo: Introduzione alla tematica della lettura di p. 86.
Procedimento: Seguite le istruzioni del manuale per quanto riguarda la p. 85 e relativi disegni. Prima fate dare un "titolo" a ogni immagine (es.: *pomodoro muscoloso*) e fate poi scrivere un breve slogan per la campagna pubblicitaria (es.: *mangiami e alzerai il mondo*), passando poi alla discussione. In una seconda fase affrontate l'articolo della pagina seguente seguendo il procedimento presentato nella prima lezione, punto 6. Fate fare un paio di letture (sempre cursorie) per far rispondere al primo compito proposto e in seguito un altro paio per verificare se le affermazioni del questionario sono vere o false. Una volta controllate le soluzioni, potete tornare al brano, facendo notare quella *s* privativa dell'aggettivo *sconsolato* (ultimo paragrafo). Ne potete approfittare per ripetere i prefissi negativi già noti (cfr. lez. 1) e mostrando come sia possibile in italiano esprimere il contrario di un aggettivo con altri prefissi. Stimolate gli studenti a trovare alcuni aggettivi inizianti per *s-* e rispettivi contrari (*s-contento, s-corretto, s-fortunato*). Sottolineate la presenza degli aggettivi *migliore* (colonna di sinistra: *cibi migliori*) e *massimo* (colonna di destra: *i rischi sono massimi*), ripetendo le varie forme irregolari di comparativo/superlativo (cfr. p. 194). Mostrate poi il secondo riquadro di p. 87. Chiedete il modo del verbo *abbia*, se si tratti di una frase principale o di una

8

secondaria e quale significato abbia (una domanda contenente un dubbio). Scrivete alla lavagna alcune frasi (es. *Forse è suo padre.*) facendole sostituire con la nuova struttura *(Che sia suo padre?).* Passate infine al primo riquadro, chiedendo che significato possa avere qui quel *dicono* (= si dice). Non spiegatelo ancora, fate invece rileggere le istruzioni dell'attività 10 e ricercare l'analoga struttura (oggi è l'ultimo giorno in cui *danno* il film). Dite alcune frasi inizianti con *la gente* oppure il *si* impersonale e fatele sostituire con la 3ª persona plurale (uso impersonale).

Questa lettura, ampia e non semplice, si presta bene a una ricerca lessicale. Fate scrivere in gruppo (brain-storming) degli associogrammi tipo *interrogare – interrogativo – interrogazione*; oppure ancora fate fare un esercizio scritto in cui si cercheranno in italiano sinonimi e contrari dei vocaboli presenti nel brano.

Soluzione del primo compito: *ironico; contrario agli OGM; divertente*

Soluzione del secondo compito: *b.; c.; f.*

12 E tu?

Procedimento: Dopo aver seguito le istruzioni del manuale (ed eventualmente aver riportato in plenum la discussione) date la seguente buona notizia: dall'agosto 2003 in Italia è in arrivo il "latte doc", sulla cui etichetta non solo dovrà essere indicato lo stabilimento di confezionamento, ma anche il luogo di provenienza degli allevamenti di origine. Così è stato stabilito da un decreto dei ministeri delle Politiche agricole e delle Attività produttive che vogliono seguire il latte "dalla stalla al banco di vendita".

13 Una boccata d'aria pulita

Procedimento: L'attività si compone di due distinte parti. Prima iniziate una discussione in plenum sul tema inquinamento. Fate poi completare il questionario. Affrontate poi l'ascolto, seguendo il procedimento presentato nella prima lezione, punto 15 e precisando che si tratta di un'intervista autentica tratta dalla trasmissione radiofonica Baobab (dell'8/03/02).

Trascrizione dell'intervista:

◆ *Quando si dice una boccata d'aria, una boccata d'aria buona natural-mente, quali sono i posti migliori, se non ad esempio il mare o la montagna? Ma ora è anche possibile in città. Però, attenzione, non quella che possiamo respirare all'esterno. L'inquinamento, purtroppo, è quello che è. E di necessità quindi si fa virtù e allora nascono anche – noi li definiamo così – "i bar dell'aria". In realtà si chiamano Oxibar. E che cosa sono di preciso? Ce lo dice Davide Fragonese …. Fregonese, amministratore delegato di una catena di bar salutisti. Buonasera.*

● *Buonasera a Lei e buonasera a tutti i radioascoltatori.*

◆ *Insomma, è abbastanza singolare questa cosa. Bisogna praticamente chiudersi in un locale pubblico per poter respirare?*

● *Mah, di fatto l'idea parte dalla filosofia salutista della catena Jungle & Juice, che è la prima catena italiana di bar salutisti. Noi intendiamo (il) salutismo a 360 gradi, quindi non solo nell'… nell'offerta alimentare, ma anche a questo punto in quella gassosa, mi passi il termine …*

◆ *Certo.*

● *… e quindi a questo punto abbiamo pensato di aggiungere ulteriori servizi ai nostri clienti, i quali potranno gustare un frullato o un centrifugato molto salutista e però al contempo respirare dell'aria pura. Ahimè, devo dire che, come Lei ha giustamente sottolineato, una città come Milano, ma non solo, ultimamente sta vivendo dei momenti polverosi, oserei dire in termini di aria pura. E quindi abbiamo pensato che questa proposta potesse essere in linea con le necessità dei clienti metropolitani.*

◆ *Senta, diciamo subito. Quanto costa una boccata d'aria buona?*

● *Costa poco. Direi che al momento noi non abbiamo ancora definito un prezzo, ma sicuramente 10-12 minuti, che sono il tempo previsto per la completa riossigenazione dei polmoni, non costeranno più di 10 euro.*

◆ *Senta, proviamo a fare un piccolo percorso in concreto. In pratica si entra in un … in uno di questi locali e che cosa succede?*

● *Mah, è molto semplice. Il nostro cliente, entrando nel Jungle & Juice-caffè, potrà avere l'opzione, o di accedere direttamente alla postazione Oxi, dove potrà consumare, tra virgolette ovviamente, la sua boccata d'aria, oppure potrà prenotare, eventualmente anche via e-mail, la sua sessione e magari esisteranno alcune formule per le quali il cliente potrà scegliere a menù non solo il gusto del cocktail salutista che vorrà assaporare, ma anche il gusto che andrà ad aromatizzare la sua boccata di ossigeno. Quindi lui salirà al secondo piano del nostro locale, potrà accomodarsi tranquillamente in questo piccolo corner rilassante e salutista e consumare la sua boccata.*

◆ *Senta, io qui ho una scheda e leggo dei nomi abbastanza suggestivi per quanto riguarda questi cocktail, ad esempio energizzante, creativo, euforizzante, rilassante, equilibrante. Quali sono le basi? A base di che cosa sono?*

● *Mah, sono tutte sostanze naturali. Anzi ci tengo a specificare che non si tratta assolutamente di un trattamento medicale o farmaceutico. E quindi non ci sono assolutamente controindicazioni. Sono semplicemente degli aromi a base naturale, che possono essere miscelati all'ossigeno purificato al 97%, e quindi creare, così, questa ... questo ... questo particolare feeling profumato nel momento nel quale il cliente va a ... ad assaporare la sua sessione di aria pura.*

◆ *E sicuramente è una cosa molto curiosa, ma fa anche riflettere molto. Noi La ringraziamo. Buona serata.*

● *Grazie a voi e vi aspettiamo tutti al nostro Jungle & Juice-Oxibar. Arrivederci.*

◆ *Arrivederci.*

8

Soluzione del primo compito: *Sì, la soluzione proposta è quella di creare delle zone dove si può andare a respirare ossigeno.*

Soluzione del secondo compito: *1. Si trova a Milano; 2. Una seduta di circa 10-12 minuti non costerà più di € 10; 3. Il cliente, entrando nel locale, potrà andare direttamente alla postazione Oxi per la sua boccata d'aria pulita o potrà prenotarla già prima.; 4. Il bar offre anche frullati e centrifugati "salutisti".*

Noi e gli altri

Tema: I rapporti umani.

Obiettivi: Informarsi su qualcosa e reagire, esprimere il proprio disappunto, scusarsi/giustificarsi, rammaricarsi, chiedere una cortesia, esprimere la propria opinione, riportare le parole altrui.

Espressioni utili/lessico: *Mi fa ridere. / Mi mette di buon umore. Mi innervosisco quando … Ma possibile che tu debba … (+ infinito)? La prossima volta preferirei che tu me lo chiedessi. Che fine ha fatto …? Non è che io sia poi così disordinato! Una cosa è …, un'altra …! Hai saputo / Hai sentito che …?*

Grammatica: Uso del congiuntivo retto da un condizionale; la concordanza dei tempi al congiuntivo (sintesi); *prima che* + congiuntivo; uso del congiuntivo dopo gli indefiniti *ovunque, qualunque/qualsiasi, dovunque, chiunque,* nelle relative con *unico/solo*; uso di *prima che – prima di*; il discorso indiretto retto da un verbo al passato (II); l'interrogativa indiretta.

9

1 Test

Obiettivo: Introduzione alla tematica dell'unità, i rapporti umani e la reciproca conoscenza.

Procedimento: Spiegate i vocaboli sconosciuti del questionario e che "Blob" è una trasmissione satirica della Rai, poi seguite le istruzioni del manuale. In alternativa, se volete rendere l'attività più vivace, proponete che la prima parte dell'intervista venga svolta girando per la classe. In tal caso nella quarta colonna non verrebbero segnate le risposte del partner, ma quelle fornite dai compagni di volta in volta intervistati. Quando anche voi avrete dato le risposte alle domande poste dai vostri studenti, fate osservare il riquadro precisando che le tre strutture proposte sono possibili anche se seguite da un infinito (es.: *mi fa ridere / mi innervosisce / mi mette di buon umore ascoltare i discorsi dei politici*).

2 Qualità e difetti

Procedimento: Prima di iniziare l'attività, chiedete agli studenti di citare alcune qualità e alcuni difetti; in seguito mostrate quelli qui trascritti, spiegando / facendo spiegare – se possibile in italiano – il lessico nuovo. Fate poi svolgere la prima parte. A questo punto potreste fare, in base alle risposte acquisite, una breve statistica alla lavagna (*secondo il …% dei nostri studenti il peggior difetto / la migliore qualità è …*). Per quanto riguarda la seconda fase, lasciate che gli allievi discutano da soli.

3 Non è che io sia poi così …

Obiettivo: Informarsi su qualcosa e reagire, esprimere il proprio di-sappunto, scusarsi / giustificarsi, rammaricarsi, chiedere una cortesia.
Grammatica: Uso del congiuntivo introdotto da un condizionale; la concordanza dei tempi al congiuntivo (sintesi).
Procedimento: Spiegate innanzitutto il titolo, dicendo che *Non è che io …* + congiuntivo è un rafforzativo della forma *Io non sono (in fondo) …* Seguite poi il procedimento presentato nella prima lezione, punto 2. Dopo aver verificato le soluzioni mostrate il ri-quadro, chiedendo quali modi siano i due verbi in neretto (il 1° un condizionale, il 2° un congiuntivo). Senza dare alcuna spiegazione a proposito scrivete alla lavagna *Vorrei che tu … (venire); Mi piacerebbe che lei … (studiare di più); Sarei contento che voi … (arrivare in tempo)* e fate coniugare l'infinito. Se le risposte saranno esatte, fate formulare la regola (cfr. p. 205).

Soluzione: *L'uomo non trova più la sua rivista "Panorama". Lucia l'ha buttata, perché pensava che l'avesse già letta. Non trova più il vaso cinese di sua zia. Lei l'ha portato in cantina (non viene detto perché). Non trova più la sua maglietta della Roma che Lucia (forse) ha buttato perché era ormai tutta scolorita.*

4 Preferirei che …

Obiettivo: Esercitare l'uso del congiuntivo retto da un condizionale.
Procedimento: Dopo aver seguito le istruzioni del manuale, con-trollate alcune delle frasi in plenum.

5 Combina le frasi

Grammatica: Esercitare la concordanza dei tempi al congiuntivo (sintesi).
Procedimento: Mostrate il riquadro di p. 93 e fate formulare la regola completa inerente alla concordanza. I tempi/modi, che sono in grassetto, dovrebbero facilitare il compito degli studenti (cfr. p. 204). Fate poi svolgere l'esercizio.

Soluzione: *1. c. soffrisse; 2. d. sia rimasto; 3. e. avessi già mangiato; 4. f. avessero; 5. b. facesse; 6. a. sia; 7. g. fosse già cominciato*

6 Ma tu conservi sempre tutto!

Procedimento: Seguite le istruzioni del manuale, lasciando come al solito qualche minuto di tempo per la "preparazione" della parte e la suddivisione dei ruoli. Se avete un pubblico giovane potete sostituire il ruolo inquilino/coinquilino con quello di fratello/sorella o genitori/figli e la caffettiera con una vecchia maglietta, un CD rotto o un qualsiasi oggetto caro ai giovani.

7 Siete ordinati?

Procedimento: Dopo aver spiegato il nuovo lessico seguite le istruzioni del manuale. Anche in questo caso, se lavorate con dei giovani, sostituite qualche vocabolo, tipo *i documenti della macchina* o *le bollette del telefono* con altri oggetti, tipo *il CD preferito/il porta-CD* o simili. Al termine della prima fase dell'attività potete chiedere in plenum se in classe c'è una persona superordinata (sa esattamente dove si trovano tutti gli oggetti citati) o se viceversa c'è un caotico. Dopo aver svolto la seconda parte dell'esercitazione, riportate in plenum la discussione e mettete a confronto i maniaci dell'ordine con i disordinati.

8 Luna Avogadro

Grammatica: L'uso del congiuntivo dopo gli indefiniti *ovunque, qualunque/qualsiasi, dovunque, chiunque,* nelle relative con *unico/solo,* uso di *prima che - prima di.*
Procedimento: Programmate bene i tempi di questa attività, che implica anche l'inclusione dei punti 9 e 10 che formano un tutt'uno con il brano. Per la lettura seguite il procedimento presentato nella

prima lezione, punto 6, ma non date come parole-chiave i vocaboli che saranno oggetto dell'attività 9. Una volta verificata la soluzione, chiedete quale possa essere la differenza fra quel *prima che* della riga 3 ed il già noto *prima di* (cfr. p. 99). Spiegate che *ovunque* (riga 17) è una forma più rara di *dovunque*. Se gli studenti dovessero chiedervi il significato di quel *non* (riga 20), spiegate che esso non ha valore negativo ma fa parte della congiunzione temporale *finché* (= fino a quando). A volte gli italiani stessi usano indifferentemente *finché/finché non*, anche se le grammatiche precisano che *finché* indica che le azioni della frase principale e della secondaria sono contemporanee e di uguale durata (*Ho lavorato finché ho potuto*), mentre l'evento introdotto da *finché non* indica la fine dell'azione della frase principale (*Ho lavorato finché non mi sono addormentato*).

Soluzione: Origine del nome: *il padre le ha dato questo nome perché era astronomo;* caratteristiche fisiche: *tonda, con i capelli rossi e la pelle molto chiara;* carattere: *persona spiritosa, comunicativa, irruente, riservata (per quanto riguarda la sua vita interiore), altrimenti chiacchierona e allegra, desiderosa di contatto, disponibile e buffona (pur di stringere amicizia), entusiasta, ingenua (incapace almeno di capire i lati negativi dell'altro) ed in parte testarda;* rapporto con il narratore: *di grande amicizia, ma senza coinvolgimenti sessuali o sentimentali ...*

9 Un po' di lessico

Procedimento: Seguite le istruzioni del manuale.

Soluzione: *a. 5; b. 3; c. 2; d. 1; e. 4*

10 Riflettiamo

Obiettivo: Far riflettere su alcuni usi del congiuntivo.
Procedimento: Seguite le istruzioni del manuale. Dopo la verifica delle risposte, si propone una spiegazione puntuale delle strutture che qui appaiono (congiuntivo retto da determinate congiunzioni, dagli indefiniti *(d)ovunque, qualunque/qualsiasi, dovunque, chiunque,* da espressioni fisse tipo *il fatto che,* nelle frasi relative che contengano l'aggettivo *unico/solo*). A questo punto sarebbe forse utile anche una ripetizione generale sull'uso del congiuntivo (cfr. pp. 205-206).

Soluzione: *prima che - desse; unica di cui - sia riuscito; non so se - sia stato; ovunque - andasse; qualunque - si trovasse; il fatto che - andassero*

11 I migliori amici sono …

Procedimento: Prima di leggere il questionario chiedete in plenum quali sono le caratteristiche che dovrebbe avere, secondo gli studenti, un vero amico. Poi seguite le istruzioni del manuale, chiedendo infine se gli allievi avrebbero aggiunto altre caratteristiche.

Proposta supplementare per gli insegnanti che lavorano con un pubblico (molto) giovane:
Al termine dell'attività scrivete alla lavagna "Il mio migliore amico è …". Ogni ragazzo scriverà su un foglietto la propria risposta che verrà poi letta ad alta voce. In base alle risposte verrà stilata una graduatoria. Chiedete ora alla classe di indovinare cosa hanno risposto gli adolescenti italiani (il padre, cfr. *Infobox* di p. 176). Infine potrete chiedere cos'è per loro il padre e fare una discussione contrastiva, verificando le eventuali differenze / identità. A proposito della figura paterna, potreste proporre come aggettivi i sei "modelli patogeni" del genitore italiano individuati in ben 5 anni di ricerca dal Centro di terapia strategica di Arezzo, fondata e diretta dal Professor Giorgio Nardone, docente di Psicoterapia breve all'Università di Siena: 1° iperprotettivo (facilita i figli in tutto), 2° democratico-permissivo (nessuna gerarchia in famiglia, genitori e figli sono "amici"); 3° sacrificante (per sé non vuole nulla, ma si aspetta molta gratitudine); 4° intermittente (ora severo ora permissivo); 5° delegante (delega ai nonni); 6° autoritario (il padre-padrone vecchio modello)

9

12 Una persona «speciale»

Procedimento: Seguite il procedimento presentato nella seconda lezione, punto 8.

13 Hai saputo che …?

(9) **Procedimento:** Seguite il procedimento presentato nella prima lezione, punto 15. Una volta completata e controllata la tabella, potete far riascoltare i dialoghi per cercare di individuare il tono di voce utilizzato (neutro, sorpreso, contento, arrabbiato, ecc.).

Trascrizione dei dialoghi:

a.

◆ *Sonia, hai sentito che Livio ha perso il lavoro?*

● *Ah. E come mai?*

◆ *Mah, da quanto ho capito ha avuto problemi col capo.*

● *Beh, con il suo carattere la cosa non mi stupisce più di tanto.*

◆ *Sì, però questa volta non è colpa sua.*

● *Hmmm ...*

◆ *Sì! Tu pensa che il capo, da un giorno all'altro, gli ha detto che avrebbe dovuto cambiare sede, che sarebbe dovuto andare a lavorare a Latina.*

● *E lui che gli ha detto?*

◆ *Eh, gli ha detto che la cosa lo stupiva molto perché lui lì si trovava bene e pensava che anche loro fossero contenti di lui ...*

● *E il capo?*

◆ *E il capo gli ha detto o accettava o doveva mettersi a cercare un altro lavoro ...*

9

b.

◆ *Hai saputo che Catia e Francesca non si parlano più?*

● *Non si parlano più? E da quando, scusa? Le ho incontrate insieme una settimana fa!*

◆ *Eh! È successo sabato.*

● *Ma come, erano tanto amiche!*

◆ *Sembra che abbiano litigato di brutto.*

● *E perché?*

◆ *Mah, in realtà per una banalità. Catia le ha chiesto se le prestava qualcosa per il matrimonio di Daniela e Francesca le ha risposto che perlomeno per il matrimonio di un'amica qualcosa se la sarebbe pure potuta comprare.*

● *E lei se l'è presa?*

◆ *Beh, tu la conosci Francesca. A volte ha un modo di dire le cose ...*

● *Sì, però insomma, dai, da qui a non parlarsi più ...*

c.

◆ *Valeria, hai sentito che Pierpaolo e Giulia si sono lasciati?*

● *Beh, finalmente! Non ho mai capito come facessero a stare insieme quei due!*

◆ *Perché dici così, scusa?*

● *Dai! Si capiva che non stavano più bene. Lui si faceva gli affari suoi, usciva tutte le sere da solo, ultimamente non andavano neanche più in vacanza insieme!*

◆ *E beh, che c'entra? Se a loro stava bene così. I rapporti non sono mica tutti uguali!*

● *Sì, però, dai, si vedeva che lei non era contenta.*

◆ *Mah, non lo so, comunque pare che lei gli abbia detto di trovarsi subito un'altra casa …*

● *Ha fatto bene! E poi, guarda, lo sai che ti dico? Per me è meglio così, perché un tipo come Pierpaolo è meglio perderlo che trovarlo …*

d.

● *Enrico, hai saputo che Carlo è stato assunto alla Rai?*

◆ *Chi?*

● *Carlo, quello che prima abitava con Romina.*

◆ *Carlo? Mi sa che io non l'ho mai conosciuto …*

● *Ma sì che l'hai conosciuto! È alto, coi capelli ricci …*

◆ *Mah, sì, può essere che l'ho visto un paio di volte … non mi ricordo …*

● *Comunque sia, ieri l'ho incontrato e mi ha detto che forse mi dà una mano per farmi fare un praticantato alla Rai.*

◆ *E tu ci credi?*

● *E perché non dovrei?*

◆ *Mah …*

● *Mi ha detto anche che ha uno zio che lavora per una radio e che eventualmente avrebbe chiesto anche a lui.*

◆ *Mm, bene.*

Soluzione: *a. un licenziamento e un (eventuale) trasferimento; b. un litigio; c. una separazione; d. un'assunzione*

14 Gli ha detto che ...

Grammatica: Il discorso indiretto retto da un verbo al passato (II).
Procedimento: In questo specifico caso lo studente si limiterà,
almeno in una prima fase, solo ad "affinare" il proprio ascolto per
individuare gli elementi mancanti nelle frasi. Verificate le risposte e
poi chiedete di coprire le frasi al discorso diretto, cercando di farle
indovinare agli studenti stessi. Fate ora leggere e mettere a confronto le differenze fra discorso diretto e indiretto. Se volete proporre
una tabella schematica, andate a p. 213, dove sono contemplati
tutti i casi. Precisate, infine, che per quanto riguarda la terza frase
(Catia le ha chiesto se ...), si tratta in effetti di una domanda indiretta. Qui gli speaker italiani che hanno improvvisato il dialogo hanno
usato l'indicativo *se le prestava*. Più elegante sarebbe stato il corrispondente congiuntivo *se le prestasse*, ma questo modo verbale
tende sempre più a scomparire dalla lingua parlata ed è usato sempre meno soprattutto dai giovani.

Soluzione: *1. frase: avrebbe dovuto, sarebbe dovuto; 2. frase: lo stupiva,
lui lì si sentiva, pensava, loro fossero, lui; 3. frase: se le prestava;
4. frase: se la sarebbe ... potuta; 5. frase: di trovarsi*

15 Hai sentito ...?

Obiettivo: Esercitare il discorso indiretto.
Procedimento: Seguite le istruzioni del manuale. Alla fine fate
raccontare in plenum le due storie da due persone.

Italia da scoprire

Tema: Geografia e ambiente.

Obiettivi: Descrivere un itinerario, dare e capire informazioni su una città/regione, esprimere preferenze/preoccupazione.

Espressioni utili/lessico: *Dove vanno depositati i bagagli? Dobbiamo fare di tutto perché ...* (+ congiuntivo). *Si deve fare in modo che* (+ congiuntivo). *È in continua espansione. È unico nel suo genere. Non necessita di ... Abbonda di ... Serve da ... A quel luogo sono molto legato.*

Grammatica: Il passivo con *andare*, *il cui*, il *si* nei tempi composti, il *si* con il verbo *essere*, la proposizione finale *(affinché / perché +* congiuntivo).

1 Quiz

Obiettivo: Accostarsi sempre più all'Italia e alla sua civiltà (qui soprattutto esplicita).
Procedimento: Inizialmente lo studente farà un lavoro individuale. In un secondo tempo – se possibile girando per la classe – porrà le domande relative alle informazioni che non conosce. Per quanto riguarda le domande di geografia, lasciate consultare una cartina geografica d'Italia. È chiaro che le risposte inerenti al partito e al Presidente della Repubblica si riferiscono al momento attuale e che in futuro la soluzione andrà adeguata. Al termine dell'attività si consiglia un approfondimento di alcuni aspetti di civiltà. La collocazione delle regioni italiane nello spazio dovrebbe essere già nota, ora si potrebbe presentare una breve "storia" dell'Italia (proponibile anche come lavoro di ricerca a casa) o uno sguardo complessivo alla sua economia, alla situazione politica, alle isole linguistiche, ecc.

Soluzione: *5 regioni (Valle d'Aosta, Piemonte, Lombardia, Trentino Alto-Adige, Umbria); Valle d'Aosta; Basilicata; Campania; Lombardia, Trentino, Veneto; Roma; Forza Italia (+ Lega Nord e Alleanza Nazionale); Carlo Azeglio Ciampi; Repubblica di S.Marino e Città del Vaticano; 1861*

2 Consigli di viaggio

Grammatica: Il passivo con *andare, il cui.*

Procedimento: Prima di seguire il procedimento presentato nella prima lezione, punto 6, fate collocare geograficamente il luogo di cui si parla, seguendo su una cartina il percorso descritto. Dopo aver verificato le risposte della tabella mostrate il riquadro di sinistra che non ha bisogno di spiegazioni. Fate formulare la regola e scrivete poi alla lavagna alcune frasi (con tempi diversi) contenenti *dover essere* che farete sostituire con *andare.* Passate ora al riquadro di destra, fatelo leggere e chiedete il significato (o l'eventuale traduzione) di *la cui.* Chiedete come mai c'è l'articolo femminile, visto che *paese* è maschile. Forse qualcuno dirà che si riferisce a *scoperta,* femminile. Eventualmente precisatelo voi. Se ora è chiaro che l'articolo deve concordare con il sostantivo che segue (e non che precede!) scrivete alla lavagna e fate completare il seguente schema:

Maria, ... madre è inglese, è bilingue.
Maria, ... padre è inglese, è bilingue.
Maria, ... sorelle vivono all'estero, ha deciso di trasferirsi.
Maria, ... fratelli vivono all'estero, ha deciso di trasferirsi.

Potete infine chiedere a quali parti del brano si riferiscano le foto.

Soluzione: *Venendo da Milano si raggiunge Orta o prendendo l'autostrada dei Laghi e l'uscita Arona o seguendo l'autostrada Milano-Torino fino a Novara. Lì si possono vedere piazza Motta con il Palazzo della Comunità, la Scalinata della Motta, la chiesa di Santa Maria Assunta e diversi palazzi signorili. Lì si possono fare diverse attività sportive (piste ciclabili per gli amanti della bicicletta, noleggio di barche a remi, molte passeggiate). Per prendere il battello si può contattare telefonicamente la Società di navigazione lago d'Orta; per noleggiare delle bici si può chiamare lo 0322/967415; se si amano i negozi un po' particolari due indirizzi importanti: quello di chi vende libri antichi e di chi offre pezzi di antiquariato.*

3 Dove ...?

Obiettivo: Esercitare il passivo con *andare*.
Procedimento: Seguite le istruzioni del manuale.

Soluzione: *I biglietti vanno comprati alla cassa automatica. La multa va pagata al Comando di Polizia Municipale. I bagagli vanno depositati in portineria. Le macchine vanno lasciate fuori dalla zona pedonale. L'uscita per Orta va presa ad Arona. Le moto vanno parcheggiate a nord dell'abitato.*

4 Impressioni

Procedimento: Seguite le istruzioni del manuale, "guidando" la formazione dei gruppi per evitare confusione (*Chi di voi è stato nell'Italia del Sud? In un Paese extraeuropeo? Quale? ecc.*).

5 Alla scoperta di ...

Procedimento: Seguite il procedimento presentato nella prima lezione, punto 15, lavorando a piccoli passi: un paio di ascolti per segnare sulla cartina le attrazioni citate, controllo, e solo in un secondo momento altri ascolti per completare la tabella (se ritenete lo spazio insufficiente, fate svolgere questa fase sul quaderno), controllo, ulteriore ascolto per rispondere alle ultime due domande.

Trascrizione del discorso della guida turistica:

Buongiorno a tutti. Benvenuti a Torino. Dunque, il mio nome è Alessandra, sono la vostra guida per oggi. Prima di cominciare con il tour vero e proprio, vi spiegherò in generale quello che vedremo. Dunque, il giro durerà sei ore circa, con una pausa caffè e una pausa per il pranzo. Dunque, per iniziare, devo dire molte persone, quando pensano a Torino, pensano subito alla Fiat e si immaginano una città grigia, fredda, chiusa. Ma Torino non è solo questo, non è solo la città della Fiat e spero che oggi con questo giro possiate rendervene conto da soli. Negli ultimi dieci anni la città è cambiata molto, sono nati moltissimi locali, alcune zone sono state rivalutate, per esempio il centro storico che oggi è una delle zone più "vive" e frequentate. Il turismo è stato incentivato e sono state promosse tante altre iniziative, come il Festival del Cinema, che si svolge ogni anno nel mese di novembre, e il Salone del Libro che si tiene nel mese di maggio. Bene.

10

Allora il nostro giro comincerà con Piazza Castello. Piazza Castello è, insieme a Piazza Vittorio Veneto e Piazza S. Carlo, una delle piazze principali di Torino. Al suo centro sorge Palazzo Madama, una costruzione particolare perché per metà ricorda una rocca con tanto di torri, mentre l'altra facciata è in stile barocco. Accanto a Palazzo Madama si trova Palazzo Reale che è stata residenza ufficiale della dinastia sabauda fino al 1865. Venne edificato nel 1646 e terminato dopo 14 anni. Alla realizzazione di questa grandiosa reggia furono chiamati i maggiori architetti ed artisti dell'epoca. Attualmente sono aperti al pubblico i primi due piani del palazzo. Al 1° si trovano le sale di rappresentanza, mentre al 2° piano si trovano gli appartamenti privati del re e della regina. Attaccato a Palazzo Reale si trova il Duomo, l'unico edificio religioso rinascimentale della città. È stato fatto costruire da Domenico della Rovere nel 1491 e presenta una facciata molto semplice in marmo bianco. Fino al 1997 il Duomo custodiva la Sacra Sindone, ma nella notte dell'11 aprile 1997 uno spaventoso incendio ha distrutto l'intera cappella. La sacra reliquia è però stata messa in salvo e verrà riposta nel Duomo dopo i restauri della cappella. Dopo questa interessante visita faremo una pausa in uno dei locali storici di Torino, conosciuto dai Torinesi come il "bicerìn". Qui Cavour si recava a gustare questa particolare bevanda calda a base di caffè, cioccolata e panna liquida. Poi continueremo il giro con la visita di due musei molto importanti per Torino: il Museo Egizio e il Museo Nazionale del Cinema. Dunque, il Museo Egizio è stato voluto da Carlo Felice di Savoia nel 1824 ed è da sempre ospitato nel Palazzo dell'Accademia delle Scienze. La nostra visita si svolgerà su tre livelli, pianoterra, piano interrato e 1° piano. Al pianoterra è collocata la grande raccolta di statue, alcune veramente imponenti e diventate simbolo del museo, come le due sfingi e il gruppo che rappresenta il faraone Ramses II sul trono tra la regina Nefertari e l'erede. Al piano interrato sono state ricreate delle tombe del periodo feudale. Il resto delle collezioni è esposto al 1° piano ed è diviso in sezioni. Dunque, la sezione della scrittura, della tessitura, della religione e la sezione sicuramente più affascinante degli arredi funerari che ospita sarcofaghi e mummie. Dopo questo ritorno in un passato lontanissimo faremo un salto nel 19° secolo, in un ambiente molto più frivolo e magico, il mondo del cinema. L'ultima tappa del nostro tour sarà infatti il Museo Nazionale del Cinema, ospitato in quello che è il simbolo di Torino, la Mole Antonelliana. L'edificio deve il suo nome all'architetto Alessandro Antonelli e in origine era stata destinata a divenire la sinagoga della comunità ebraica torinese. I lavori di realizzazione iniziarono nel 1863, ma vennero completati solo nel 1889. La Mole è alta 167 metri

10

circa e per questo si può vedere da ogni parte della città. Al suo interno si trova una delle più ricche e particolari esposizioni di cinema.
Allora, questo è in linea di massima il nostro giro. Mi raccomando, se avete delle domande o delle richieste particolari, non esitate a farmele. Grazie.

Soluzione del primo compito: *Vengono citati Piazza Castello con Palazzo Madama e Palazzo Reale, il Duomo, il Museo Egizio ed il Museo Nazionale del Cinema (ospitato nella Mole Antonelliana).*

Possibile soluzione del secondo compito: Palazzo Reale: *residenza ufficiale della dinastia sabauda fino al 1865. Costruito nel 1646 e terminato 14 anni dopo. Al 1° piano si trovano le sale di rappresentanza, al 2° piano gli appartamenti privati del re e della regina.* Duomo: *l'unico edificio religioso rinascimentale della città, con una facciata in marmo bianco. Fino al 1997 custodiva la Sacra Sindone.* Museo Egizio: *ospitato nel Palazzo dell'Accademia delle Scienze. Al pianoterra vi è una grande raccolta di statue (fra cui le due sfingi, il faraone Ramses II, la regina Nefertari), al piano interrato vi sono le tombe del periodo feudale, al 1° piano le sezioni della scrittura, della tessitura, della religione e quella degli arredi funerari con sarcofaghi e mummie.* Mole Antonelliana: *L'edificio, che all'origine doveva diventare la sinagoga della comunità ebraica torinese, è il simbolo di Torino. Iniziata nel 1863, è alta m 167 e ospita una ricca esposizione del cinema.*

10

Soluzione del terzo compito: *Il bicerìn è una bevanda calda a base di caffè, cioccolata e panna liquida. A Torino si svolgono il Festival del Cinema (in novembre) e il Salone del Libro (in maggio).*

6 Sai che cos'è ...?

Procedimento: Seguite le istruzioni del manuale senza spiegare il lessico nuovo che verrà chiarito dopo la soluzione.

Soluzione: *1. d; 2. e; 3. a; 4. f; 5. b; 6. c*

7 L'ufficio del turismo

Procedimento: Seguite le istruzioni del manuale.

8 I luoghi del cuore

Obiettivo: Introduzione alla tematica *speculazione edilizia*.
Grammatica: Il *si* nei tempi composti, il *si* con il verbo *essere*.
Procedimento: Seguite il procedimento presentato nella prima
lezione, punto 6, collocando geograficamente le località e facendo
completare la tabella di p. 105. Spiegate poi che VT è la targa di
Viterbo, e AO quella di Aosta e che *Jumela* viene letto *Giumèla*.
Dopo mostrate il riquadro di p. 105. Visto che la regola è abbastanza articolata e difficilmente intuibile, si consiglia di leggere assieme
quanto scritto al proposito a p. 107.
A questo punto, visto che la lettura è ricca di aggettivi, potreste
completarne la regola della posizione (cfr. anche quanto detto nella
lez. 5, punto 6 della presente **Guida**). In genere l'aggettivo preposto
al nome ha una funzione descrittiva, quello posposto una funzione
distintiva e restrittiva. Senza eccezioni devono seguire il nome (oltre
ai casi citati in *Espresso 1*, p. 172):

- gli aggettivi che esprimono una forma: un tavolo **quadrato**, una
  cornice **ovale** (lez. 3);
- i participi usati come aggettivi: un film **divertente**, il mio autore
  preferito (lez. 5);
- l'appartenenza politica o religiosa: il partito **socialista**, la chiesa
  protestante;
- l'appartenenza ad una categoria: la scuola **media** (lez. 2);
- l'età: le persone **ultrasessantenni** (lez. 6);
- gli "aggettivi relazionali", che formano un tutt'uno con il corrispondente sostantivo: i trasporti pubblici (lez. 2), la striscia pedonale (lez. 2), una campagna pubblicitaria (lez. 8).

Fate ricercare negli articoli alcune di queste regole (appaiono *giornate grigie, bellezza struggente, movimenti curiosi, riserva naturale, campeg-
gio piccolo e ordinato, gente amante della montagna*).

Soluzione:

Conero	Marche	zona ricca di colori	rischi di degrado (a causa delle "carrette del mare" e di chi non rispetta la natura)
Nurra	Sardegna	luogo bellissimo e isolato	Ruspe e gru cominciano a fare dei lavori.
Stretto di Messina	Tra la Calabria e la Sicilia.	La sua fauna e flora sono uniche.	Il nuovo ponte che sarà inutile.
Vico	Lazio	¾ della zona è una riserva naturale.	¼ è costituito da un centro residenziale in continua espansione.
Val Jumela	Trentino	ricco patrimonio ambientale	impianti sciistici e speculazione
Pont	Valle d'Aosta	natura incontaminata, silenzio	_____

9 Mare, monti …

Procedimento: Seguite le istruzioni del manuale.

10 Affinché …

Grammatica: La proposizione finale.
Procedimento: Mostrate il riquadro e fate tradurre la congiunzione in neretto, chiedendo poi quale modo verbale regga. Che *perché* sia qui un sinonimo di *affinché* è reso evidente dalla tabella. Chiedete agli studenti se secondo loro è possibile distinguere un *perché* causale (regge l'indicativo) da un *perché* finale (regge il congiuntivo). Poi seguite le istruzioni del manuale facendo infine leggere in plenum alcune delle frasi scritte.

11 Il tuo luogo del cuore

Procedimento: Seguite le istruzioni del manuale. L'ideale sarebbe che venissero fatti dei cartelloni corredati dal testo degli studenti e da eventuali foto/cartoline/immagini.

10

Qualcosa in più

Si è già accennato nella Premessa che questa appendice presenta materiale supplementare che svolgerete o meno in base alla vostra sensibilità ed esperienza e in base al gruppo che avete. Per quanto riguarda il procedimento, si vedano le considerazioni generali a proposito della lettura, fatte nella prima lezione, punto 6.

Ieri, oggi ...

Procedimento: Prima di seguire le istruzioni del manuale, fate scrivere sotto i singoli oggetti il corrispondente vocabolo (*a. fazzoletti di carta, b. penna biro, c. walkman, d. cerotto, e. bottiglie di plastica, f. reggiseno*). Fate notare la pronuncia di *celebre* e di *sinonimo*. Spiegate che *biro* è femminile e invariabile anche se usato in funzione di aggettivo (una penna biro, due penne biro).
Una volta verificate le risposte, potete "sfruttare" le strutture apprese nella lezione 3 riprendendole qui (*Il cerotto è rettangolare o rotondo / è di garza / serve a ...* ecc.). Passate poi alla p. 109, facendo anche qui scrivere i vocaboli nuovi (*bikini, tostapane, carta igienica, cintura di sicurezza, calze di nylon, detersivo, gomma americana*), prima di far scrivere il testo.

Soluzione: *f, b, a, e, d, c*

Proposta supplementare per gli insegnanti che lavorano con un pubblico (molto) giovane:

Proponete di preparare in piccoli gruppi un questionario scritto sul tema "Quali oggetti hanno cambiato in modo determinante la nostra vita?" Precisate che ogni gruppo dovrà preparare una serie di domande. Decidete voi se si dovrà trattare di domande aperte, che non implicano un giudizio (*La scoperta del telefonino è importante? Sì/No*), domande chiuse, che implicano l'opinione altrui (*Pensi che la nostra vita sarebbe diversa senza la TV?*) o domande strutturate che hanno il vantaggio di essere veloci come le chiuse, ma danno l'opportunità di esprimere un parere personale (*Perché secondo te la vita non sarebbe pensabile senza la macchina? – Perché le distanze sono troppo grandi; perché ormai siamo abituati alle comodità; perché ...*).

Spiegate che, una volta preparate le domande scritte, gli studenti dovranno intervistare il resto della classe (quindi gli altri gruppi e anche il professore) e trascrivere le risposte che andranno poi organizzate in tabelle o grafici. I risultati del questionario verranno poi letti ad alta voce da ogni capogruppo. (*Dalle domande che abbiamo posto è risultato che* ...)

Gesti

Obiettivo: Nell'apprendimento linguistico si assiste a una duplice progressione: quella più strettamente legata all'espressione e quella inerente alla cultura. Espressione e contenuto della lingua sono un'unità inscindibile. È per questo che è stato ritenuto importante offrire quest'attività. L'obiettivo è un accostamento alla "civiltà implicita" di cui fa parte appunto la gestualità, così come il tono di voce, il ritmo, la velocità d'eloquio, il contatto con lo sguardo e simili.
Procedimento: Prima di seguire le istruzioni del manuale, mostrate in concreto i gesti raffigurati. Spiegate poi il nuovo lessico delle frasi e fate abbinare gesto-spiegazione. Dopo la verifica spiegate le frasi successive, fate fare l'abbinamento gesto-frase e, dopo il controllo, passate alla discussione libera.

Soluzione del primo compito: *h; e; c; a; f; g; b; d*

Soluzione del secondo compito: *c; e; a; f; g; d; b; h*

Stampa italiana

Obiettivo: La scelta di questa tematica è stata dettata dalla considerazione che il giornale offre materiale di facile reperibilità con cui sono possibili molteplici attività molto interessanti.
Procedimento: Seguite le istruzioni del manuale.
Soluzione: periodici di economia: *Il sole 24 ore;* quotidiani (di informazione): *la Repubblica;* riviste settimanali di carattere generale: *L'Espresso;* riviste femminili: *Anna;* riviste di tipo specialistico: *Viaggi e sapori, Auto*

Fare e ricevere regali

Obiettivo: Anche il modo di comportarsi in determinate circostanze fa parte della cultura di un popolo. È dunque importante sapere cosa dice il nostro Galateo a proposito dei regali.
Procedimento: Seguite le istruzioni del manuale.

Alma Edizioni
Italiano per stranieri

Questo libro, composto di 10 lezioni, è pensato per gli utenti di *Espresso 3*. La scansione delle attività, infatti, segue di pari passo l'andamento delle corrispondenti unità del manuale.

Funzione di queste pagine è quella di consolidare strutture e lessico appresi nel corso della corrispondente lezione di *Espresso 3* e di permettere allo studente di valutare i progressi fatti.

La tipologia degli esercizi è varia. Presenta, infatti, attività di completamento, di abbinamento, di riflessione grammaticale, di trasformazione, di applicazione delle funzioni comunicative, attività con domanda-risposta, parole incrociate, compilazione di tabelle, ecc.

Gli esercizi sono pensati per un lavoro individuale e le soluzioni riportate in appendice offrono all'allievo l'opportunità di verificare l'esattezza delle sue risposte.

Alma Edizioni
Italiano per stranieri

Questa Grammatica comprende tutti i temi e tutte le strutture presentate in *Espresso 1*, *Espresso 2* e *Espresso 3*. Ideata come completamento ideale del corso *Espresso*, può essere usata anche indipendentemente dal manuale.

Il testo si propone come agile strumento di consultazione per tutti coloro che vogliano ripetere in modo autonomo le principali strutture grammaticali. Attraverso schemi chiari, illustrazioni e molti esempi vengono spiegate le principali regole della lingua italiana.

Al centro dell'opera è il funzionamento della lingua italiana nella comunicazione orale e scritta. La divisione dei capitoli è tematica. Per ogni argomento è indicata la lezione del manuale in cui viene presentato.

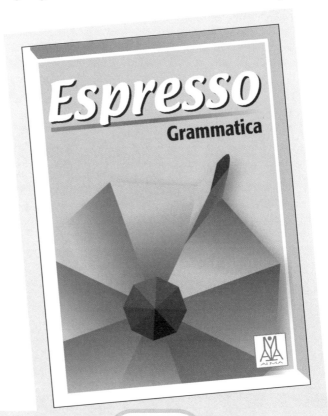

ALMA EDIZIONI
viale dei Cadorna, 44
50129 Firenze - Italia
tel ++39 055476644
fax ++39 055473531
info@almaedizioni.it
www.almaedizioni.it